親子で 野となれ山となれ

子どもと歩く12ヵ月

大滝玲子●著

けやき出版

親子で野となれ山となれ……目次

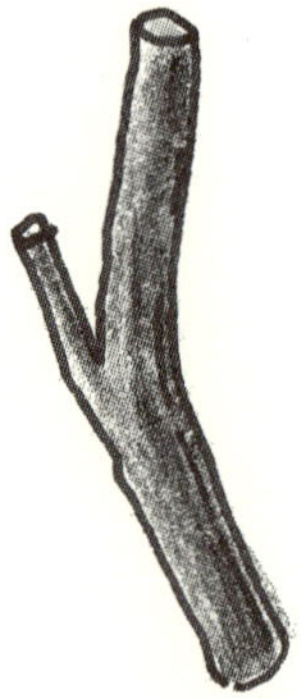

※本書のイラスト地図中に、その山が載っている国土地理院の地形図（二万五千分の一）を示してあります。山へ行く時には必ず、それらの地形図や市販の山の地図を持っていくことをおすすめします。

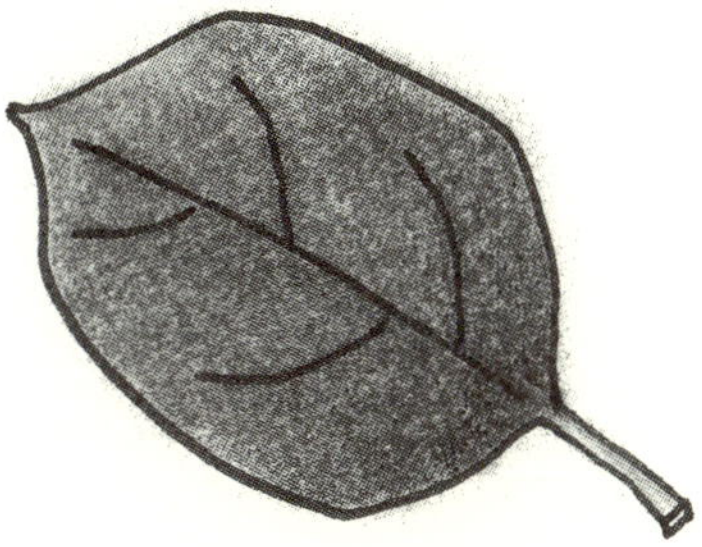

夢枕に立つ

「あのねえ、この間、あなた夢に出てきたのヨ」

PTAの集まりで濃いめの化粧をした大柄の美人、Kさんが話しかけてきた。「え？」。野外活動には無縁と思われれるKさんのヒラヒラした衿元に気をとられながら聞き返す。「夢でね、あなたがリュックサックしょって立っているの。暗い顔して『いっしょに山に行きませんか？』って…。オホホホホッ！」

何年か続いた親子ハイキング、このところ参加者も少なくて会う人ごとに声をかけていたのだが、ついに人の夢枕にまで立っていたとは…我ながらあっぱれ！いや、恐ろしい…。

それにしても、よりによってKさんの所に行ってしまうとは。どうせならもう少し可能性のありそうな人の所に行けばよかった。しかも、このままでは悪いウワサとして広がり、いっしょに山に行く人がいっそう少なくなりかねない。その場で「いやだあ、ごめんなさいねぇ。でも、その日は都合が悪いっていってくれればすぐ帰ったのにー」とでも言えばよかったかもしれない。でもそれじゃあ学校の怪談奥様編だ。

これが今から一〇年前。いまだに私は誰かを山に誘い、山歩きは延々と続いている。もともと長男の幼稚園時代の親睦会がきっかけでできた山の会（あひるの

会）、お母さんたちにとっても子どもたちにとっても、おしゃべり相手と友達さえいれば別に山に行かなくてもよい、という人の集まりだった。

　それがこんなに長く続いてきたとは考えてみれば驚きだ。これはきっとお母さんや子どもたちが自然の神秘と素晴らしさに目覚めたからに違いない。そして何よりみんながこの私を信頼してついてきてくれたから…苦節一〇年、苦労の報われる思いが今ここに…ウルウル。そうだ、これは一度皆にお礼を言わなければならない。

　忘年会の夜、ビールを飲みながら話は盛り上がった。「ほんとうにこの会も長く続いているわよね」。みんな相づちをうっている。ここだ、ここで一言。「これもみな、私を信じてついてきてくれる皆さんの…」「へ？」

へ？　という顔が気になるが、後を続けようとすると、スナックのママをしているYさんが金髪に手をやりながらこう言った。「いやだあ、私たちべつに隊長（なぜかこう呼ばれている）を信じてついていっている訳じゃないわョオ、いつだっておっかなびっくり、ヒヤヒヤしながら後についていっているのよ！」「え…？」「でも、それがおもしろくてつい、また行ってしまうのよねェ」「アハハ！そうそう」

　そんなこととはつゆしらず――。

　人が山に登る理由なんて、ほんと他人にはわからないもの。ところで今週の日曜、いっしょに山に行きませんか？

すきにあそんで
いいよっていったって、
何していいか
わからない!

◀10年前

小さな子どもと野山を歩きましょう
いろんなものに出会えます
小さな虫や面白い形をした木の実、小石
いつもは気づかずに
通り過ぎていたものばかりです
子どもが立ち止まったら
「早く」と言う代わりに
「何見てるの？」と聞いてみてください
きっと思いがけない答えが返ってきます
そうしたら一緒に立ち止まって
眺めてみてください
少しの間だけ子どもに戻れますよ
そのあと歌でも口ずさみながら歩くと
なお楽しい
そのうち、ひとりで歩くのが物足りなくなります
「こんな石見たらなんて言うのかなあ…」
さあ、お弁当を持ってのんびり歩きましょう
あと数年もたてば
子どもの足に追いつくのがやっと
になるのだから

春

木の音を聞く（南高尾山稜）

何年か前のこと、新聞で「木の音を聞く」という記事を見つけた。聴診器を使って、木が水を吸い上げる音を聞き、木が生きている実感を味わってみようというもの。うーむ、これはたぶん、いや絶対におもしろそう。やってみるだけの価値はありそう!!

さっそく医療器具取扱い店に電話すると、「お値段はピンからキリまでございます」。即座に「キリのほうを」と答えてしまうのはやっぱり主婦の買い物だから？（三〇〇〇円弱で購入）。

待ちかねた四月の日曜日、子どもとおばさんの団体約二〇名は、東京・高尾の尾根筋に到着。隊長（私）のザックから取り出した聴診器に、子どもたちの好奇と期待の目が集まっている。例の記事によれば、「春には、はっきりと激しい音が聞こえる」はず…。カエデとおぼしき木の幹に聴診器を当ててみる。ガサゴソ、ガサゴソ、これは聴診器を持っている私の手の音らしい。あとは何も聞こえず、いつまでたっても「これだ！」という音が確認できない。おかしいナァ…。

期待にふくらんだ風船がシューッとしぼんでしまった。ふり向けば、子どもたちはとうにしびれをきらしてどこかに行ってしまい、おばさんたちはお茶を飲み

ながら世間話に夢中で、木の音などどうでもいいようだった。以来、山で聴診器が登場したことはない。

それから二年、私たちに再び「木の音」を聞くチャンスが訪れた。夏のキャンプで、インストラクターのお兄さんの指導つきだ。「えー木の音を聞いて、胎児の心音のようだと言った人もいます」（それは話がうますぎるような気がするナァ…）。しかし、心音なら私も聞き覚えがあるので、今度は大丈夫と子どもの後ろに並んで順番を待つことにした。

木はひと抱えもあろうかというケヤキの大木。小学生もおばさんも神妙な顔をして聴診器を耳に当てている。「聞こえるでしょう？」「聞こえる」「ザァーザァー言ってる」など証言が相次ぎ、いよいよ私の番。

「聞こえるでしょう？」「……（え？）」「聞こえませんか？」「えーと…」。私の耳にはあの春の山で聞いた風の音がゴォーッとかすかに聞こえている。これを木の音というのだろうか？　わからないなぁー、まさか聞こえないのは私だけ？　これってなんだか「はだかの王様」みたい…。

聴診器ごしに隣の女の子の話し声が聞こえてきた。「はっきり聞こえたよね！ドキン、ドキン、て」「うん?!」（そりゃ兄ちゃんの手の血管の音じゃないのか？）。

結局、またもや「木の音」はよくわからなかった私でした。トホホッ。

それは心の美しい人にしか聞こえないのです
え？

▼南高尾山稜

四月になると出かけたくなる山。遠まわりでも相模湖駅から八王子駅行のバスに乗り、大垂水《おおだるみ》峠で降りると時間に余裕ができます。春はスミレの花の観察会などでよく歩かれているようです。ポケット図鑑を片手に子どもと花をさがしながら歩くのも楽しいでしょう。

　三沢峠からは明るい尾根道になり、右手に城山湖を見ながら草戸山を目ざします。梅ノ木平の分岐を降りたら途中の老人ホームでトイレを借り、高尾山口駅まで歩きます。

◪コース　JR中央線相模湖駅＝八王子駅行神奈川中央交通バス16分＝大垂水峠→大洞山→中沢山→西山峠→三沢峠→草戸山→梅ノ木平分岐→梅ノ木平→京王線高尾山口駅

◪一般コースタイム　四時間

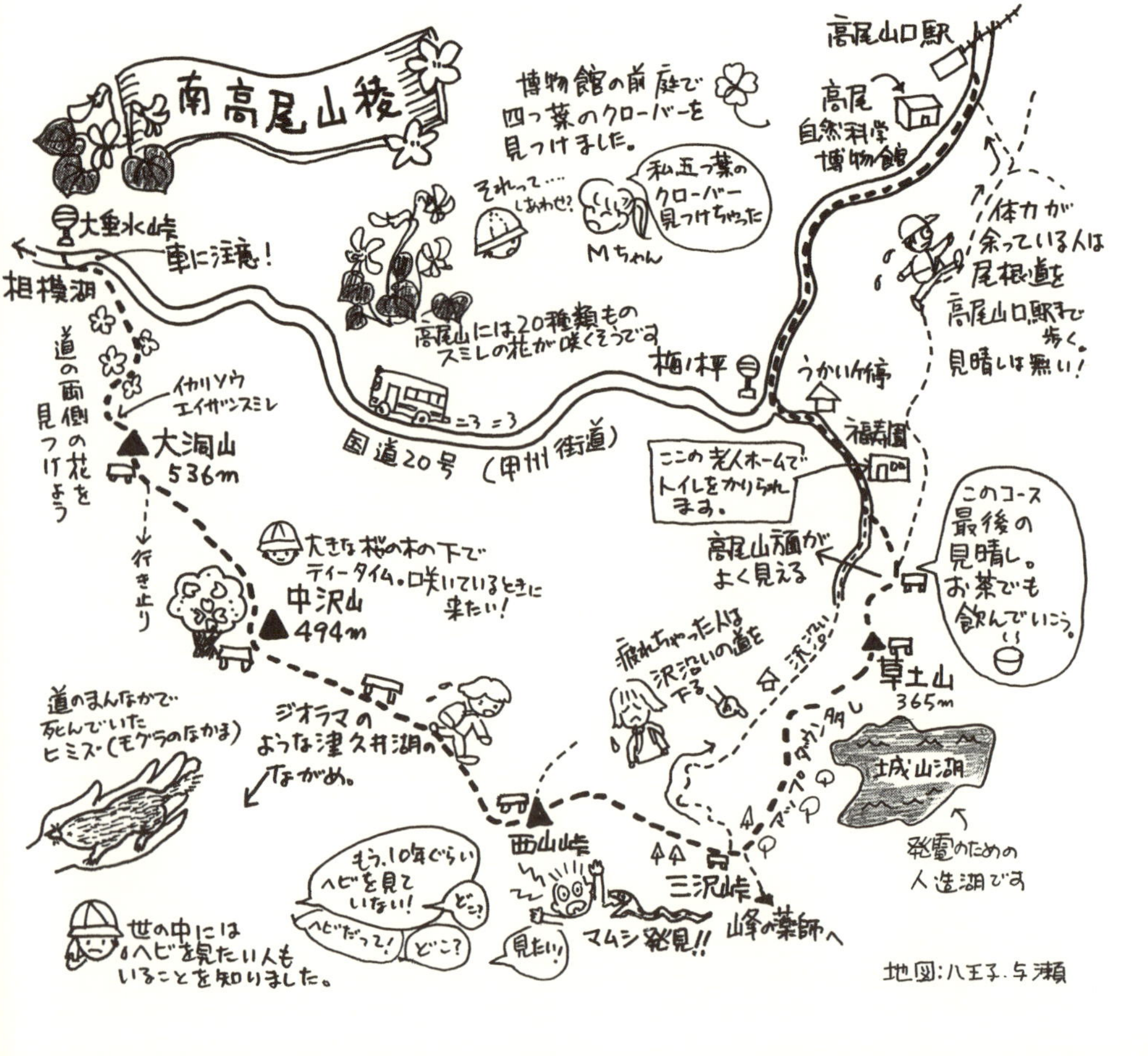

木の音を聞く人に聞く

Q あのー、木の音を聞くにはどうすればよいのでしょうか？——八年も前の新聞記事を元に、その時指導にあたった日本ネイチャーゲーム協会に電話してみました。本当はどんな音が聞こえるのだろうと、未だに気になっていたのです。

A 「木の音を聞く」というのはネイチャーゲームの一つで、聴診器を使って木から聞こえてくる音を聞き、木が生きていることを実感するためのゲームです。幹周りが三〇センチ以上ある木を選んでください、樹皮に凸凹が少ないほうが聴診器を当てやすいでしょう。

Q 聴診器はどこに当てればいいのですか？

A 聴診器を当てる場所はどこでもよいのですが、木の鼓動はとても低い音なので、木に聴診器をつけたり離したりを何度か繰り返しましょう。つけると聞こえて、離すと聞こえなくなる音が「木の鼓動」です。いろんな木でためしてみてください。

Q 木の鼓動は、木が水を吸い上げる時の音なのですか？

A 生きている木は水を吸い上げる時、金属音に近い波長を出すことが解明されていますが、この音が聞こえる可能性は少ないといえます。聴診器から聞こえるのは地下水の流れる音や、風で枝が揺れる音、大地の振動など、その木がそ

の場所でいろいろなものとかかわりながら生きていることを表わしている音なのです。

Q　なるほど…それが木の音だったのですね。なんだかもう一度聞いてみたくなってきました。ところで、ネイチャーゲームについて教えてください。

A　ネイチャーゲームは一九七九年、アメリカのナチュラリスト、J・コーネル氏によって考案された、自然環境をゲームを通して楽しみながら体験し、学ぶプログラムです。自然に対する特別な知識がなくても、五感を通して自然を体験し、大人と子どもが一緒に楽しむことができます。興味のある方は左記にお問い合わせください。

●社団法人日本ネイチャーゲーム協会
〒156-0043　東京都世田谷区松原2—42—14
明大前高山ビル1F
☎03・5376・2733
http://www.naturegame.or.jp

NATURE GAME®

近くの山に行く（馬頭刈山）

連休の一日、私たちは東京・あきる野市にある馬《ま》頭《ず》刈《かり》山をめざして、三鷹駅に集合した。大人一七人、子ども二九人、計四六人の大所帯だ。入ってきた電車に足を踏み入れると、いっせいに乗客の顔が曇る。「まずいところに乗ってしまった！」と思っているのだ。「○○ちゃーん、こっち、こっち」「ここ空いているわよ」。走りまわる子ども、しかる声、笑い声。

一時間ほどで終点の武蔵五日市駅に着いた。「△△くーん、降りるわョー」「みんな降りた？」「あーっ忘れ物!!」。駅前でさらに超満員のバスに乗り、登山口に向かう。やっとのことでバス停に降りて見送るバスの中には、あー、やれやれといった顔で新聞を広げたり、ため息をついている人が見える。

歩き出すと、Tちゃんが知らないおじさんに声をかけられている。「きょうはどちらへ？」「えーと…、あちらのほう」。行く方向を指さしている。尾根の上では「どこから来たの？」「こっちから」。大人も大して変わりはなく、帰りの電車の中で山の名前を聞かれて絶句している人がよくいる（一応、駅で地図、コースタイムなど記入したものを渡してあるのだが…）。

杉林の登りは延々と続き、だいぶペースが落ちてきた。薄暗い足元に桜の花び

らが、時折どこからか舞い降りてきて、思わず足を止める。「いったい、いつまで歩くのー」「まーだー」。もう一歩も歩きたくないといったようすのYさんが私に言う。「隊長のウソつきー、幼稚園の子でも登れるわって言ったじゃない!!」

うそではない、幼稚園児など、もうとっくに行ってしまった。ひとしきり文句を言って、また腰を上げる大人たち。頂上直下ではもう声もなく、ただ足を進める。上のほうから「お母さーん、おハシがないョ〜」などと、のんきに後ろから来る母親に叫んでいるが、母はそれどころではない。やっと頂上に着いた。

すばらしい景色。みんな、さっきまでとは別人のように、ニコニコとしてお弁当を広げている。子どもの遊ぶ声、お湯を沸かすコンロの音、昼寝する人、おしゃべりする人。きょうはMちゃんの誕生日ということなので、マドレーヌにローソクを一〇本立て、みんなで『ハッピーバースデー』を歌った。

思い思いの時間を過ごして、こんどは山を降りる。しかし、下り坂にもひと言ある。「どーしてこんなに急ですべりやすいのかしら、ほんとに!」。苦情の雨アラレを背に受けて、一路バス停を目ざす。

なんとか予定の電車に乗ることができてひと安心、座ってほっとしていると、隣のFさん（会に入ってまだ間もない）が、「ほんとにこんなに楽しませていただいて、これって大滝さんのボランティアのおかげですよね」「いえ、とんでもな…」と言いかけたところに、他のおばさんたちが胸を張って割り込んだ。

「いえ、とんでもない。ボランティアは、月一度隊長につきあって山に来ている私たちのほうですから!」

▼馬頭刈山（884メートル）

大岳山からのびている馬頭刈尾根の最後のピーク。展望のない杉林の急坂をただひたすら登り続けます。山頂からは登りの苦労を忘れるほど展望が良いものの、下り始めるとまたもや杉林の急坂が延々と続き、とてもガイドブックのタイム通りにはいきません。

人がいない山に行きたい人におすすめ。

◪コース　JR五日市線武蔵五日市駅＝上養沢行西東京バス一六分＝軍道→高明神社→高明山→馬頭刈山→鶴脚山→大岳山分岐→千足＝西東京バス三〇分＝JR武蔵五日市駅

◪一般コースタイム　三時間半

駅から歩ける子ども向きコース

子連れで野山に行くのはいいけれど、登山口までのバスがちょっと…という人、案外多いものです。登山シーズンはどこに行ってもバスは満員、おまけに子どもが車酔いをするときてはなかなか山に足が向かないのも無理がありません。でもそんな時は、駅からすぐ歩き出せる山を選んで出かけてみましょう。こんないい季節に野山に出ないなんてもったいない！

①**物見山**（三七五メートル）から**日和田山**《ひわだ》（三〇五メートル）へ

行き　西武池袋線武蔵横手駅

帰り　西武池袋線高麗《こま》駅

西武池袋線の沿線の山ならたいていは駅から直接、歩いて登れますが、このコースは無理のない登りと展望、そして日和田山から降りたところにある巾着田《きんちゃくだ》横の川遊びが子ども向けのポイントです。川原はバーベキューに来た家族連れでにぎわっているので、下流に場所をずらして遊びましょう。着替えの用意も忘れずに。小学校低学年向き。

◪コース　武蔵横手駅→五常の滝→北向地蔵→物見山→高指山《たかざす》→日和田山→巾着田→鹿台橋→高麗駅

◪一般コースタイム　四時間

②伊豆ヶ岳（八五一メートル）

行き・帰り　西武池袋線正丸《しょうまる》駅

同じく西武池袋線。川沿いの集落を歩いていくと、春には梅の香りがしてきます。登山道は一部とても急な所がありますが、子どもたちにはそれも楽しく大きなスベリ台のようなさわぎです。山頂直下のクサリ場はこれこそが子どもたちの人気の的だったのですが、現在、落石の危険があるため通行禁止になっていて残念です。山頂からは見晴しも良好！　元気のよい小学生を連れてどうぞ。

◪コース　正丸駅→大蔵山分岐を左に→女坂→伊豆ヶ岳→女坂→小高山→茶屋脇→山の神→大蔵山分岐→正丸駅

◪一般コースタイム　三時間

③高水三山（岩茸石《いわたけいし》山・七九三メートル）

行き　JR青梅線軍畑《いくさばた》駅

帰り　JR青梅線御嶽《みたけ》駅

いろいろなガイドブックに「奥多摩入門」の山として紹介されているこの山を選んだのは、なんといっても交通の便の良さからです。子どもが喜びそうなものは特にありませんが、三つの山を歩いた後には充実感が残ります。静かな山道を、子どもと話をしながら歩いていきましょう。小学校中学年ぐらいから。

◪コース　軍畑駅→高源寺→常福院→高水山→岩茸石山→惣岳山→御嶽駅

◪一般コースタイム　四時間

滝を見に行く（百尋の滝）

新緑の季節はどこに行っても気持ちがいいけれど、そこにキラキラ光る水しぶきとビールがあればもう最高！　というわけで、今月は東京・奥多摩にある百尋《ひゃくひろ》の滝を見物に行くことにした。われながらすばらしい企画に思わず顔がほころぶ。ふだんは文句の多い隊員たちもこれで少しは隊長を見直すに違いない。ウッフッフッ…。

梅雨入り直前の奥多摩駅は、時間が遅いせいか登山客も少ない。のんびりとバスを待つ私たちの列に、ガシャガシャと音をたてて修行僧らしき二人の男性が加わった。手に錫杖《しゃくじょう》を持ち、赤い箱を背負っている。しかし、よく見ると箱はベニヤ板でできており、縁取られた黒い線はマジックで描かれている。それらしい黒いズボンに地下足袋を履いているが、シャツはB・V・D。なんだか一〇〇％信じてよいものかどうかといった、不思議なかっこうに見える。

バスは出発した。道の両側は新緑でおおわれ、期待どおりの気持ち良さ。歩き出せば沢の音が聞こえ、風が枝を揺らしている。ひと汗かいてたどり着いた滝は二段に分かれ、その上段は落差二五メートル、ドォードォーと絶え間なく水が落ち続けている。気がつけば空はいつの間にかどんよりとして、肌寒くなってきた。

とにした。

気持ちいいはずの水しぶきを避けて、私たちは岸の向こう側でお弁当を広げるこ

ほどなく今朝の修行僧らしい二人が滝に下りてきた。おにぎりを食べながら何気なく見ていると、太ったほうの男性がやおら服を脱ぎ始め、トランクス（Mちゃんの証言によれば、黒地にピンクとオレンジの幾何学模様）ひとつになって、スタスタと滝に入っていった。手は印を結び、口は何やら唱えている。「すご～い！」。皆の目が集中した。しかし、ふつうは白い着物のようなものを着て滝に入るのでは？　などと思っていたら、もうひとりの男性が何か持って滝に近づいていった。――ピカッ！　ふたりで記念撮影をしている。使い捨てカメラを持っていたのだ…。うーん、やっぱり怪しい。

岸のこちら側ではお弁当を食べるのも忘れてそのようすに見入っていたが、後ろのほうにいたTさんが、もっとよく見ようと身を乗り出し、目の前の岩に飛び移った。が、何秒もしないうちにゆっくりと川の方に倒れてしまった。「わあーっ」。スローモーションのようなその光景を、私は今でもはっきりと覚えている。

おにぎりを手に持ったまま、私たちは右へ左へと忙しく目を動かした。撮影を終えた二人はこちらのさわぎには目もくれず、さっさと着替え、あっという間に立ち去ってしまった。ずぶぬれのTさんに温かいお茶を入れようとコンロに火をつけると、ボワッと大きな炎が吹き出した。「キャーッ！」。悪いことが次々に起きそうな予感…。「帰ろう！」

今にも降り出しそうな空を気にしながらバス停に急いだ私たちだったが、バス

滝って
流れ落ちる前は
ただの川です

が来るまでなんと二時間近くもあることは知らなかった。あー、この現実を後ろから早足で来る隊員たちになんと伝えるべきか……ガックリ。

▼百尋の滝

新緑や紅葉の時期は滝までの往復でも充分満足できると思うのですが、谷沿いの登山道が細いので子どもには少し心配です（滝から更に一時間五〇分で川苔山の山頂）。また、滝の下段は土砂に埋まり、滝に下る道も通行止めになっています。

◪コース　JR青梅線奥多摩駅＝鍾乳洞行西東京バス一五分＝🚏川乗橋↓細倉橋↓百尋の滝↓往路を戻る

◪一般コースタイム　三時間

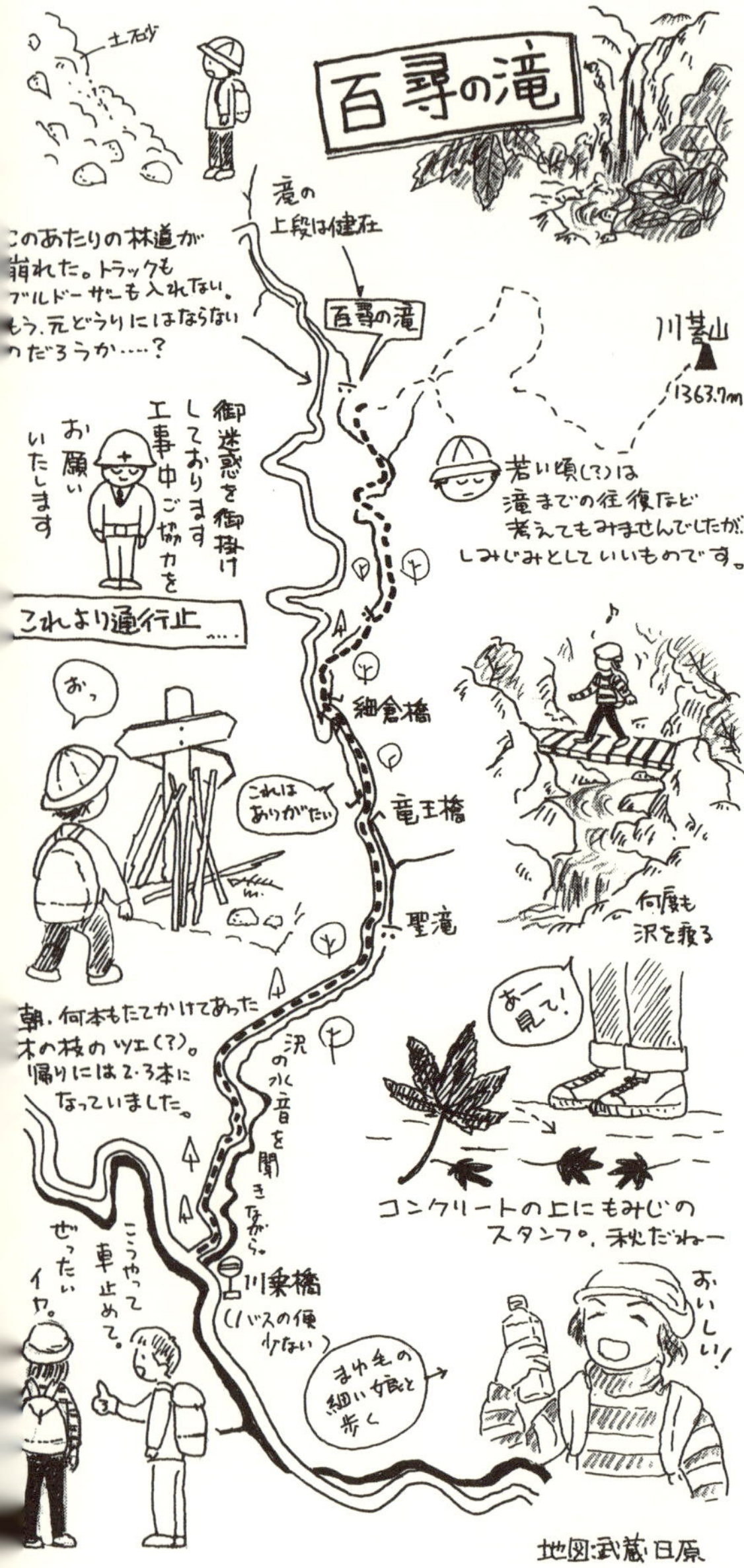

子ども連れにおすすめの滝を見るコース

①今熊《いまくま》山から**金剛《こんごう》の滝**へ

行き　ＪＲ中央線八王子駅→武蔵五日市駅行西東京バス四〇分→今熊

帰り　ＪＲ五日市線武蔵五日市駅

　今熊神社からの登りは参道なので道もしっかりしています。ひと汗かけばあっけなく頂上に着き、眺めを楽しんだ後は急な道を足元に気をつけながら川原まで下ります。リュックサックを置いて沢（水はほとんどない）を遡るとすぐに滝の入口があり、岩をくりぬいた小さなトンネルをくぐると目の前に滝があります。小さいながらも水しぶきを上げている滝に子どもたちは歓声をあげることでしょう。帰りは広徳寺から秋川沿いにのんびりと武蔵五日市駅まで歩けば、始発電車に乗って帰ることができます。

◪コース　今熊→今熊神社→今熊山→金剛の滝→広徳寺分岐→広徳寺→ＪＲ武蔵五日市駅

◪一般コースタイム　二時間半

②御岳山・ロックガーデン

行き　ＪＲ青梅線御嶽駅→ケーブル下（滝本）行西東京バス一〇分→ケーブル下→滝本駅→ケーブルカー六分→御岳山駅

帰り　行きの逆コース

ケーブルカーでらくちん登山。御岳山まで行ったらもう少し足をのばしてロックガーデンへ。苔むした岩を子どもといっしょに触ってみたり、水しぶきに揺れるかわいい花にも目をとめてゆっくり歩きましょう。途中に綾広《あやひろ》の滝があります。帰りは再びケーブルカーで滝本駅へ。新緑の季節から秋の紅葉の頃までが気持ち良く歩けます。少し大きな子どもなら長尾平から七代の滝へ降りて天狗岩へ。

◪コース　ケーブルカー御岳山駅→武蔵御嶽神社→長尾平分岐→天狗岩→綾広の滝→天狗の腰かけ杉→長尾平分岐→御岳山駅

◪一般コースタイム　二時間二五分（七代の滝コースは二時間四〇分）

③栃寄《とちより》の滝

行き　ＪＲ青梅線奥多摩駅→奥多摩湖方面行西東京バス一〇分→🚏境橋

帰り　行きの逆コース

御前山への登山道の途中にある滝。滝つぼには降りられませんが、遠くからよく見えます。日の短い晩秋に奥多摩の山を見ながら歩ける短いコースです。帰路は林道を歩き、子ども連れなら「栃寄森の家」に寄れば無料の木工クラフトも体験できます。折り返しの広場にトイレもあるので、安心。ちょっとだけ山の空気を吸ってリフレッシュしたい人向き。奥多摩ビジターセンターで手作りの滝めぐりマップがもらえます。

◪コース　🚏境橋→養鱒場→登山道→ワサビ田→大滝→沢出合い→トチノキ広場→栃寄森の家→🚏境橋

◪一般コースタイム　三時間

海の見える山に行く（鋸山）

「おかあさん、立ち入り禁止の立て札があるョ、帰ろうョ」
「えー?! せっかくここまで来たのに…」

きょうは娘と山に来ている。二人で歩くのは五年ぶり、娘が小三の時以来だ。ここは千葉・鋸《のこぎり》山、標高こそ低いが、頂上からの海の眺めがすばらしい。ロープウエイがついているので観光客も多い。しかし、はるばるやってきた山の頂上がコンクリートの展望台では悲しい。きょうの目的はこの分かれ道の奥にある三角点のあるピークなのだ。

以前にはなかったはずのベニヤ板の立て札の奥、ぴかぴか光った常緑樹の葉っぱの陰に、わき道だがしっかりした道が続いている。「おかしいなあ。やっぱりちょっと見てくるわ、ここで待っていてもいいョ」「やめなよ!」

通りかかった人たちが、分かれ道でもめている親子を何事かという顔で眺めては通り過ぎていく。私はひとりでわき道を歩き出した。

「おかあさん! おかあさんてば!!」。背後で何度も叫ぶ声がしていたが、そのうち静かになった。ふとふり向くと、娘がふくれっ面をして後をついて来る。

「もおー、みんな笑っているし、しょうがないからついて来たんだョ」「でも、ご

らんよ。こーんないい道！」

さっきまでの登山者や観光客のざわめきはどこへやら、快晴の空にトンビが飛んでいる。どんどん進んでいくと、小さなアンテナのある電波施設につき当たった。「ねえ、もういいじゃない。行き止まりだョ、帰ろうョー」「何言ってるの、ここで帰ったら来た意味がないじゃない。えーっと向こうに行く道は、と…」

施設の鉄柵《さく》に沿って細い道があったが、片側は絶壁になっていた。一歩踏み出して思わぬ高さにひるんだ私は、二、三歩戻って考えた。「落ちたらどうしよう」――連休の悲劇、立入り禁止を無視して母と子が転落――の見出しになりかねない。「転落した大滝さんは山の会を主宰していたそうですが、ふだんの山行もこの調子だったんでしょうねェ…」などと、テレビ局のレポーターが眉をひそめてコメントする様子が目に浮かぶようだ。

「行かないの？」「あ、うん、ちょっとね。やっぱり戻ろうか」「何言ってんのョ、ここまで来たんだから行けばいいじゃない。よし、私が先に行ってやるョ」

「あ、あぶない」と言うひまもなく、娘はスタスタと行ってしまった。えい、私もと思うのだがやっぱりこわい。「い、いいよ。もう帰ろうョ。気をつけてこっちに来るのョ」。娘は「なんだ行かないの」と言うと、ふん、口ほどにもない、という顔でまたもやスタスタと戻って来た。

「あの奥のピークまで行ってみたかったナァ…」「私は行くって言ったのに、行かなかったのはお母さんだからね」「うー」

それから二時間後、食堂のいすでうなだれる私にやさしいひと言、「フフ…お

鋸山
久里浜までフェリーで帰るのも楽しい！
千葉・東京
はまかなや
少し昔に
現金投げ込み事件が
あった駅です
なんで
そんなこと
覚えているの？
いや、
なんとなく
…
A・B，
2グループに
分かれて登り
ました。
さんろく
キャー
ワー!!
ロープウェイ
ヒャ
あれだ
石の階段で
始まるハイキングコース
観月台
Bグループは小1のY君に
隊長の座をゆずってみた。
日本寺北口
十州見晴台
さんちょう
Aグループは
ロープウェイ登山
途中でイカの
「しおから」お買い
上げ。
わあー
海がきれい！
百尺観音
（つまり30mはあるということだ）
Y君
早くこ〜い!!
（きびしい）
ハイ ハイ
329.5m
▲（鋸山三角点）
日枝卍
仁王門
表参道
大仏
地獄のぞき
保田口
海だ！
海が見えたぞ〜！
（ここは島が見えたぞ〜！という感じで読んでね。
海だ
♪のんびり歩く
地獄のぞき
オーイ！
わらって〜
パチリ
上から見ると…。
子どもたちと
「山からおりてきて海で
遊ぶっていうの楽しかった？」
「うん！」
「じゃあ、こんどは海で
遊んでから、山に登るって
いうのどうかなァ」
「それはちょっとねえ〜」
一同「……。」
浜辺で遊んで帰ろう
貝ひろい
ヒトデ発見！
ヒトデ
あ！
海の
におい！
ほた
ヒトデが足りない
このあたりは
花摘み観光農園が
あちこちにあるので
駅のホームにも花束をかかえた人が多い
館山へ
＊電車に長く乗るときは
あやとりが楽しい！

地図：保田

母さん、ビール飲んでもいいよ」

あー、もう！

▼鋸山（三二九メートル）

浜金谷《はまかなや》の駅までは車窓に海を見ながらたっぷりと旅の気分を味わえます。「山」というほど高いとは思えない「高み」を目ざして、常緑樹の中の細い登山道を観月台まで。ここからは東京湾が見下ろせます。石切場の跡を見ながら登っていけば百尺観音がある日本寺の北口に着くので拝観料を払って境内へ。展望台からは三六〇度の雄大な眺めで大満足！　帰りは大仏前を通ってのどかな道を保田《ほた》の駅へ。時間を見て保田の海岸で遊んで帰れば子どもは大喜びするでしょう。

◪コース　JR内房線浜金谷駅→登山口→日本寺北口→瑠璃光《るりこう》展望台→大仏→仁王門→JR保田駅

◪一般コースタイム　二時間四〇分

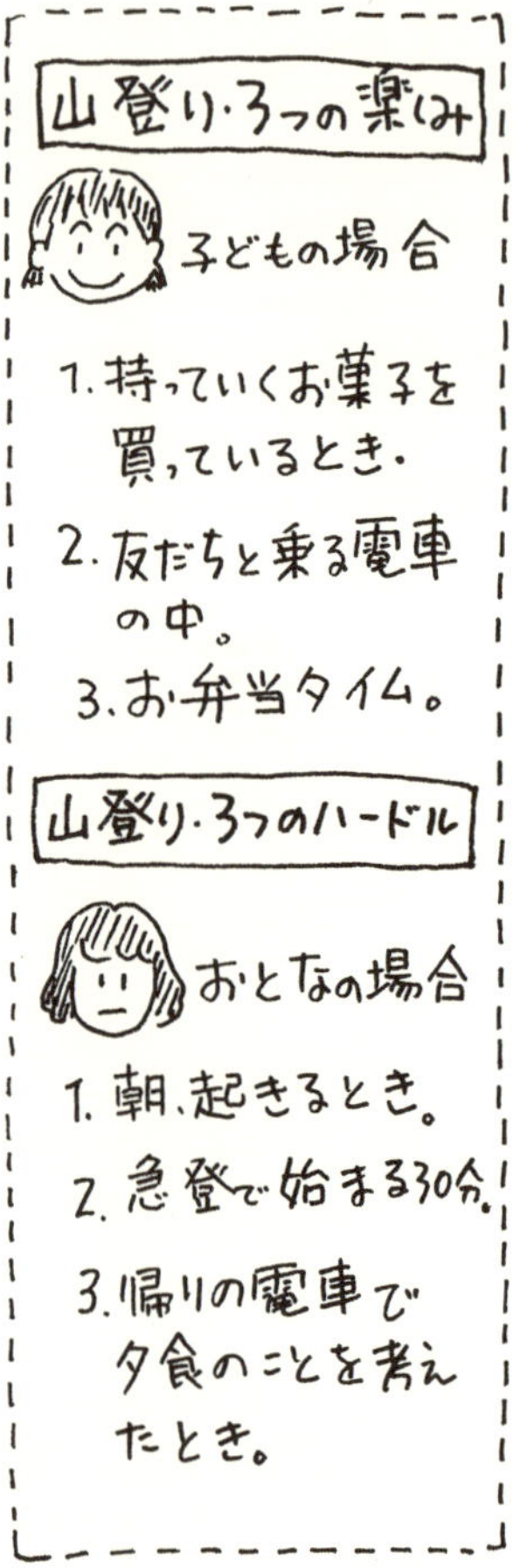
山登り・3つの楽しみ
子どもの場合
1. 持っていくお菓子を買っているとき。
2. 友だちと乗る電車の中。
3. お弁当タイム。
山登り・3つのハードル
おとなの場合
1. 朝、起きるとき。
2. 急登で始まる30分。
3. 帰りの電車で夕食のことを考えたとき。

…がまんしなさい。
おじちゃんウンチ
誰でもよその子のウンチは苦手だ

ケーブルカーでらくちん登山

高尾山や御岳山、大山にケーブルカーを使って登ってみましょう。いずれも信仰の山として参拝客が多く、参道にはみやげもの店が軒を連ねています。でも、一歩足をのばせば自然がいっぱい。普段は「山登りはちょっと」というお父さんやお母さんでも、「ケーブルカーでなら…」と重い腰を上げるかもしれません。ケーブルカーやリフトには小さな子どもも大喜び。お参りをした後はもう少し先まで歩いて、山の景色を見ながらお弁当を食べましょう。まずは家族で楽しく出かけることから始めませんか。

①高尾山（五九九メートル）

行き　京王線高尾山口駅→山麓駅→リフト一五分→山上駅

帰り　高尾山駅→ケーブルカー六分→清滝駅→京王線高尾山口駅

我が家の子どもたちもヨチヨチ歩きの頃からお世話になった山です。東京の子どもたちには学校の遠足などで一番なじみの深い山かもしれません。登りはリフトを使い、四号路を歩いて山頂へ。お弁当は人ごみを避けて城山方面に歩き、もみじ台あたりまで行ってからにしましょう。帰りは一号路を歩いて薬王院を通り、高尾山駅からケーブルカーで清滝駅へ。「迷子にご注意」。元気があったら下まで歩いてみましょう。

◪コース　リフト山上駅→四号路→高尾山→一号路→薬王院→ケーブルカー高尾山駅

◪一般コースタイム　一時間四五分

②御岳山（九二九メートル）

行き　JR青梅線御嶽駅→ケーブル下（滝本）行西東京バス一〇分→ケーブル下→滝本駅→ケーブルカー六分→御岳山駅

帰り　行きの逆コース

青梅線も軍畑《いくさばた》あたりを過ぎ、車窓に多摩川の流れを見ながら走るようになると、いかにも遠くまで来たようで景色に見とれてしまいます。御嶽駅から大勢の登山客といっしょにバスに乗り、バスを降りたら、急な坂道を登ってケーブルの滝本駅へ。御岳山駅のある御岳平で高水三山や青梅方面の展望を楽しんだら、店頭のみやげ物に目をひかれている子どもをせかしてまずは武蔵御嶽神社まで。参拝をすませたら日の出山まで足をのばしましょう。さっきまでの観光地のふん囲気はどこへやら、静かな山の空気を充分に味わえます。帰りは来た道を戻って、ケーブルカーで滝本駅まで。バスとケーブルカーが混むのが、難点。

◪コース　ケーブルカー御岳山駅→武蔵御嶽神社→日の出山分岐→日の出山→往路を戻る

◪一般コースタイム　二時間二〇分

③大山（一二五二メートル）

行き　小田急線伊勢原駅→大山ケーブル駅行神奈川中央交通バス二七分→大山ケーブル駅→追分駅→ケーブルカー六分→下社駅

帰り　行きの逆コース

ケーブルカーを利用しても、頂上までは二時間弱の登り。「ケーブルカーでなら…」と腰を上げたお母さんは「もう、山なんて一生来ない！」と怒り出し、子どもは泣き出し、お父さんは疲れて声も出ない…ということになりかねない山です。「らくちん」はケーブルカーの六分間のみ。でも、頂上からの相模湾の眺めとダケカンバの明るい下り道が最高！　このコースは小学校中学年ぐらいから。

◪コース　ケーブルカー下社駅→阿夫利神社下社→ヤビツ峠分岐→大山→雷ノ峰→見晴台→下社駅→往路を戻る

◪一般コースタイム　三時間

●おすすめの一冊（絵本）

『おとしぶみ』かがくのとも傑作集32・岡島秀治／文・吉谷昭憲／絵・福音館書店

山でみつけたおとしぶみの「ゆりかご」、小さな虫がいったいどうやって作ったんだろう…。

やまびこ捜索法

迷子になるのは子どもだけとはかぎらない。これはまだ雪が残る東京・八王子の八王子城跡へ行った時のことだ。下り坂で見通しも良好、鼻歌まじりで歩いていた。下り坂を登り返した所でひと休み、後続を待つことにしたが、いくら待ってもやって来ない。 おかしいナァ…、と思いながら何気なく「ヤッホー」と叫んでみた。(――ヤッホー)あ、聞こえる。声をそろえてもう一度、「ヤッホー」(ヤッホー)「まあ、こんな所でやまびこなんて!」。大人もいっしょに「ヤッホー」(――ヤッホー)。

でも、ずいぶん近くから聞こえるような、それにどこかで聞いたような声…。「ヤッホー」「オーイ」(やっぱり!)「○○さ~ん」「大タキさ~ん!」「なんでそこにいるの?」「そっちこそー」「登っておいでよー」「え~?!」

明らかに不満げな声の合唱が聞こえてきた。しかし、ここで負けては予定のコースに降りられない。「とにかく戻っておいでー」。私も道を引き返していくと、よくまあ見つけたものだという細い分かれ道があった。そしてはるか下のほうから、なぜ、私たちが戻らなければならないのお?! という顔がズラリと並んで歩いてくる。

「どうしてこんな道に入って行ったの？」「だって、こっちだって…」「だれが？」「知らないおじさんが」「え？」「ここの分岐に立って手を広げて、こっちこっちって手まねきするんでつい…」

つまり、別のグループについて行ってしまったということだ。「なんで知らない人について行ってしまうかなァー。おとながさァー…」「アハハ、なんでかなー」

さて、雪が溶けて桜の季節にも迷子事件が発生した。「この道をどんどん行ってよろしい。ベンチのところで待っていなさい」。子どもたちは「ワーイ」と走って行ってしまったが、しばらくしてベンチに着いてみると先に行ったはずの小学生三人組がいない。「変だなァー」「そのうち引き返してくるわよ」。みんなのん気にお茶など飲んでいるが、私はそれどころではない。

その時、子どもたちと別れてすぐの所にあった下りのわき道を思い出した。あ、と思いながらもまさかこっちには…と歩いて来てしまったのだ。今回もやまびこ捜索法を試みたが返事はない。これはいよいよ——という時に遠くからドカドカと足音がしてT君・F君・O君の三人が走ってきた。

「一本道って言ったじゃねえかョー」。「ウソツキー」「わあ、よく追いついたねぇー」「向こうの道に行ったら行き止まりだったんだ」（よかった…）。

「悪かった、お詫びにジュースでもごちそうするよ」「——ジュースじゃいやだね」「僕たちは遭難するところだったんだ」「そうだよ、ひとり一〇〇〇円！」「いや、二〇〇〇円」「いや、ひとり三〇〇〇円?!」「いや…」

八王子城山
迷子にならないために…
歩き始める直前に、コースの概略を説明しておきましょう。
さあ…
どこに行くの?
八王子城跡
井戸の水を汲んでみよう!
椿の花が多い
城山 455.5m
八王子神社
八王子城跡
W.C
梅林
坎《かん》井《せい》
400年前に掘られた井戸 今でも水が出る
この日は本当に良く見えました!
何も見えない
550m 富士見台
朝の 中央線のよっぱらい
となりに座った子どもたちに勝手に名前をつけている。(キヌ子、キク子など古風な名前が多い)
ヤッホー!(あれ?聞いたような声が…?)
なんと22人中、13人がこっちへ!!
ポカ ポカ
めちゃくちゃに急な下り坂!!
キャッホー
ガーッ!
ヤッホー
あれ?どこかで聞いたような声が…
お前はきく子だ!
ズラリと並んだ4年生の女子。子どもといえどもまけていない。
どうやら高校生の娘の事で悩んでいるらしい。
そうなん現場
階段
中央自動車道
JR中央本線
小仏
ふみきり注意
蛇滝口
高尾の名水!
今日はスケートがいちばんたのしかったです。
積雪のため、バスに乗ることになったのですが満員で乗れず、結局歩いて帰ることになりました。最後まで何があるかわかりませんね!
スケートごっこ(バスを待ちながら)
※駅まで歩くときは、川を渡り梅林の中を通って帰りましょう。
地図:八王子、与瀬

果てしなく続く要求の声に囲まれて歩きながらも、きょうもなんとか無事に帰れると思うと、ほっとしてからだ中の力が抜けていきそうな下り道だった。
はぁ〜。

▼八王子城山（四五五・五メートル）

椿や梅の花が咲く冬から早春にかけてがおすすめ。山頂をわずかに下った所には四〇〇年も前に掘られた井戸があり、ポンプを押せば今でも水が出てきます。ここから富士見台までは常緑樹の中の道で展望はありませんが、富士見台からはその名のとおり富士山が見えてほっとします。アップダウンを繰り返しながら降りていき、高速道路の下をくぐって中央本線の踏切りを渡るとすぐ蛇滝口バス停です。

◪コース　JR中央線高尾駅北口＝八王子城跡行西東京バス一一分＝🚏八王子城跡→八王子城山→富士見台→🚏蛇滝口＝西東京バス一四分＝JR高尾駅

◪一般コースタイム　二時間四〇分

●おすすめの一冊（写真絵本）

『ふゆめがっしょうだん』かがくのとも傑作集34・冨成忠夫、茂木　透／写真・長　新太／文・福音館書店

冬のハイキングにこの本を持って行きましょう。「お母さん、ほら見て！」。虫めがねもあるとうれしいかもしれません。

山でヘビに会う

今から八年前、娘が小二の時だった。すでに親子で山歩きをする会をスタートさせていて、そのメンバーと春の山を歩いてこようということになった。ポカポカしたこの日は動物や昆虫がいっせいに冬眠から覚めた日だったのか、羽化したばかりのアゲハが木の枝でじっとしていたり、ネズミのようなモグラがなぜか道端で息絶えていた。

お弁当を食べ、目の覚めるようなヤマブキの花の脇を通り抜けて杉林に入ったとたん、私の目の前を歩いていた女の子が、「あっ、ヘビ?!」と立ち止まった。「えっ? どこ?」「キャーッ」。とたんに小さなパニック状態となった私たちは、女の子の指差した木の根元をはさんでふたつに分かれてしまい、私は後半のグループの先頭になってしまった。しかし、なんということだろう、こんな所で…しかも先頭が私。

実は私はヘビが苦手、というよりは恐怖症に近いぐらいだ。夏の山道を歩けば目は必ず草むらを探し、耳はサワサワと草を分けて通り抜ける音を聞き分けようと神経を集中してしまう。おびえるというのはそういうことなのだ。おかげで一度見た姿はしっかりと脳裏に焼きつき、忘れることができない。だから私の頭の

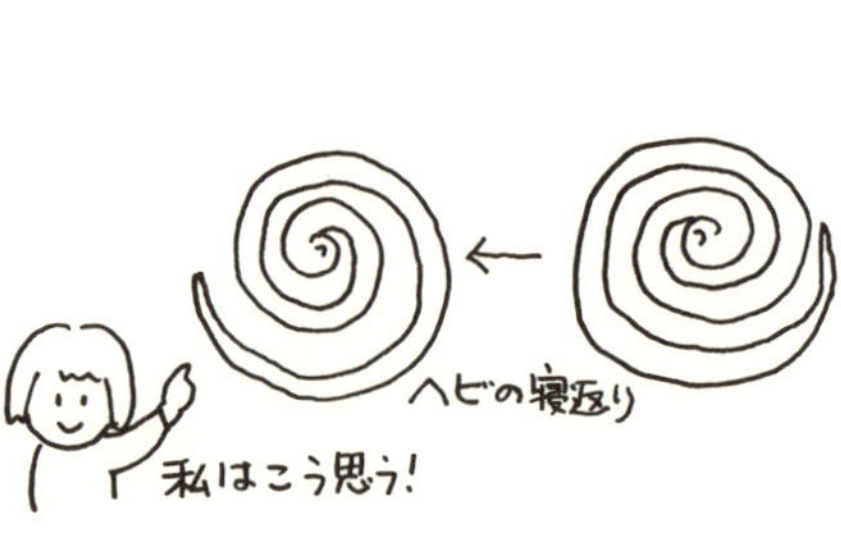

なかは、今まで出合ったヘビとその情報でいっぱい。四〇年前に出合ったヘビの姿を今でも思い出しては恐ろしいとおびえているありさまだ。

しかし、きょうはわんぱくざかりの子どもたちを引き連れての山歩きだ。ここでひるんではあとあと差し支える。私は勇気をふりしぼり、息を止めてヘビのいるらしい木の横を早足で通り抜けた。わずか何メートルかを綱渡りをするような気持ちで向こう岸（ではないが）にたどり着きホッとしたその時、「おかあさーん」。ふり返ると娘が泣きそうな顔でこっちを見ている。「走っておいで！」「こわいョー」。私もこわい（どうしよう…）。

その時、杖をついて歩いていた年配のKさんが娘に「大丈夫、いっしょに行こう」と言ってくれなかったら…。その時のこっちに向かって歩いてくるふたりの真剣な表情は今も忘れられない。

ところで、家に帰った私は娘の信頼をどうやったら取りもどすことができるか考えた。そして、「ねぇ、こんど山でヘビにあったら、お母さん必ずやっつけてやるから!!」と娘に宣言した。しかし娘は静かにひと言、「やっつけたりしなくてもいいから、私をおいて逃げないで」

その娘も今や一六歳、反抗的な態度に思わずカッとして「親に向かってなんだ！」と怒りながらも、まあ、あまりエラソーなことも言えないかなぁーという気もしている。そして、今でも、あー、逃げなきゃよかった！　とつくづく思っている。

奥多摩ビジターセンターのおじさんに聞く

ＪＲ奥多摩駅から歩いて二分の所に、奥多摩ビジターセンターがあります。山から降りてきて時間がある時など子どもたちを連れてよくのぞいてみるのですが、今回は子どもと自然の中に入っていく時、どんなことに気をつければ事故が起きないかを中心に、篠木眞さんにお話を伺いました。

Q まず、ビジターセンターについて教えてください。

A ビジターセンターとは自然公園を訪れる一般の人たちのための施設で、自然利用と保護のための情報基地です。

山に行く前に寄ってもらえば登山道の最新情報のほかに「あ、そのコースなら今ドコソコで○○が見られるかもしれない」とか「帰りにちょっとあそこでにおいをかいでごらん」とか、プラス・アルファの情報をもらえるかもしれません。目的がなくぶらりと奥多摩に来た人でも、ビジターセンターでレンジャー（自然解説員）に目的はないことを話したうえで「何かありませんか？」と問いかけてみてください。「こんな日はここがチャンスだよ！」などと、時間帯に合わせたアドバイスがあるかもしれません。そうなれば自然が倍、楽しくなってきます。

たとえば、家族連れで川遊びに来て、「小さい子と川で遊びたいんですけど、どこが安全ですか？」っていうんでもいいんです、そういうお客さん、夏休みは多いですよ。そしたら、ここは渓谷で水が冷たいことなど、注意する点を話して場所のアドバイスをするようにしています。

Q お仕事柄、子どもたちと自然の中に入っていくことが多いと思うのですが、事故にあったり迷子にならないためにはどんなことを心がけたらよいでしょうか。

A まず、お父さんやお母さんも子どもと同じことをやって楽しんでみることです。そうすれば何が危険かを知ることができます。それと親は自分の子どもがどういう子か知っておくことです。何に一番興味を持っているのかがわかれば行きそうな所もわかってきます。ケーブルカーの乗り場や高尾山などの人混みの中では、いい機会ですからお父さんは子どもを肩車してあげましょう。子どもはとても喜ぶし、いい思い出にもなります。目立つ帽子をかぶせておくのもいいです。

Q 山歩きの途中ではどうでしょう。

A 私がよくやるのは、トップを歩きながら間違いそうな別れ道に石や棒キレで矢印や×印のサインを置いておき、後からくるグループがそれを見て判断するというやり方です。最後のグループがそれを片付けてくるのですが、それを遊びとしてやるとグループの間が離れてしまっても間違いません。

下見をして道がわかっているときなどは「○○までは行ってもいいよ」と言って先に行かせます。「別れ道では行きたい方向を考えて待っていなさい」と

言うこともあります。「ついて来なさい」ではなくて、先頭を歩かせ、判断や決定権を子どもに託すと、子どもは真剣に行動するようになります。大きい子どものグループの場合は、子どものリーダーが地図を見ながらトップを歩き、私が後からついていきます。

Q　ほかに何か？

A　子どもたちを野山に連れていったら、野放しにして「楽しい！」というところまで解放してあげて、大人が後ろで見守ってやりましょう。それでなかったら連れていった意味がありません。そのための「場」と「コース」「方法」を考えるのが大人の役割だと思っています。

（一九九九年一一月二〇日奥多摩ビジターセンターにて）

●奥多摩ビジターセンター
〒198-0212　東京都西多摩郡奥多摩町氷川171―1
☎0428・83・2037
・開館時間（午前九時～午後四時三〇分）
・休館日（月曜日・月曜日が祝日の場合翌日・年末・年始）
・入館料（無料）
・ガイドウォーク（四〇分間前後、無料）
電話または窓口でお申込みください

夏

禁断のタクシー登山（大菩薩峠）

東京では緑もすっかり濃くなり、そろそろ梅雨も明けようかというある日曜日、おばさん一四人と子ども七人が甲府行の電車に乗り込んだ。目ざすは大菩薩《だいぼさつ》峠、私たちの山の会にしては思い切った遠出の山だが、それは月例登山のマンネリ化と参加者の減少に悩んでいるからだった。「一にらくちん、二に展望、三・四抜かして五に安上がり」という基準で山を選んでいると、どうしても同じような山になってしまう。この三つのうち一つでも崩すことができれば選ぶ範囲はかなり広がり、毎月の登山もバラエティに富んで参加者が増えるに違いない。

そこで今回は「タクシーで行く大菩薩峠」。昔、「遠い山」だった大菩薩峠はずいぶん奥までタクシーが入るようになっていて、往復ともタクシーを使えば足の弱い人でも楽に日帰りができる。今までにも「大菩薩峠ってどんな所かしら、一度行ってみたいわ」という声はあったが、「遠くてお金がかかる」という理由で実現されずにいたのだった。思えばこれまではバス道路をバスにも乗らず歩くことはあっても、タクシーなど使ったことのない登山生活であった。バスも入らぬ林道へタクシーで乗り入れるなど、許されることであろうか…。

小心者の私には罪悪感さえあったこの企画に、なんと前回の参加人数を大幅に超える二一人の参加者が集まった。やはり、名前が知られている山なので一度は…というところだろうか。

久しぶりの早起きでうつらうつらしてきた頃、隣の座席がにぎやかになってきた。見れば年の頃五〇代～六〇代、登山スタイルも決まったふくよかな女性の四人組がおしゃべりに夢中だ。リーダーらしきおばさんがリュックサックを開けてクッキーの袋を取り出し、バリバリとあけて皆に配っている。「見て！　これだけ入って二一〇円！　案外おいしいのよ」「へえー、安いわねぇ！」と、ムシャムシャ。いくら安くても、山に登る前に食べてしまってどうするんだろう。

おばさんはすでに次の物を手に持って説明を始めている。新型の小物入れ、いろいろな大きさに変わるらしい。次は小さくたためてしかも防水らしい布製の敷物、次から次から出てくる新型登山グッズに横目で見ている私も思わずひき込まれてしまう。リュックサックの中身が終わると次は着ている物に移っていった。全員が互いに相手の着ている物をほめちぎっている。もちろん、買った店、値段の情報交換も忘れない。ひととおりのチェックが終わった、さあどうする、まさかこの次は「この間買った登山用下着よホラ！」なんてことに…と思ったところで塩山に到着。

改札口から出ていくと「大滝さま！　大滝さま！」と呼ぶ声がする。見ると運転手さんが〝こちらへどーぞ〟のポーズ。さっきまでの罪悪感はどこへやら、あっという間に女王様の気分だ。女王様自ら前の晩に予約したタクシーに乗り、排

気ガスと共にスタートした。助手席なので運転手さんに話しかけてみるが、女王様以下、後ろの男の子四人も手に手に全員ゲロ袋を握りしめているので、おじさんの顔色は冴えない。タクシーはどんどん高度を上げながら走って行った。しかし、途中で歩いている登山者に会うと再び後ろめたい気持ちになってしまう。「ああ、ついに一線を越えてしまったのね…私たち」という気持ちと、「ふん、そんなに歩きたかったら、東京から歩いてくりゃあいいのョ」というとんでもない気持ち。ハンドルを持つと人格が変わる人がいるとは聞いていたけれど、隣りに座っただけでも変わってしまうとは我ながらオソロシイ……。

五〇〇〇円払ってタクシーから降りると、駐車場にはタクシーやらマイカーがギッシリ。あちらこちらで中高年のグループが輪になって話をしていた。

さて、大菩薩峠は登山道も整備されていてとても清潔な山という気がしたが、その明るいふん囲気とすばらしい展望を三時間ちょっとの歩きで味わえるせいか、一緒に行った会員には大好評だった。中でもIさんはよほど気に入ったらしく、「ねぇ、ねぇ、お金さえ出せばこんなに楽して登れる山ってほかにもあるわけ？」などと、稜線を歩きながらうれしそうに聞いてきた。「…。あります、いくらでも。お金さえ出せばエベレストの頂上にだって落としてくれまス、飛行機で」「そーかぁー、まだまだあるのねぇー」。うっとりと遠くの山を眺めているIさんを見ていると、これ以上何も言わないほうがいいような気がした。

風をよけながら昼食を食べていると、今朝の電車のおばさん四人組が足音も高く私たちの横を通り過ぎていった。

▼大菩薩峠（一八九七メートル）

上日川峠までタクシーで入り、ミズナラの林を歩いて福ちゃん荘へ。大菩薩峠まではおだやかな登り道で、おしゃべりをしているうちに着いてしまいます。峠から雷岩までは甲府盆地と富士山、遠く南アルプスの尾根の景色を楽しみながら草原の尾根を歩いていきます。大菩薩嶺は樹林の中にあり、森に入ると針葉樹のすがすがしい香りがします。下りは石がゴロゴロしている唐松尾根の急斜面を降りていき、カラマツ林を過ぎれば福ちゃん荘の横に出ます。

◪コース　JR中央本線塩山駅＝塩山タクシー三〇分＝上日川峠→福ちゃん荘→富士見荘→大菩薩峠→雷岩→大菩薩嶺→雷岩→唐松尾根→福ちゃん荘→往路を戻る

◪一般コースタイム　三時間一〇分

地図：塩山、大菩薩峠

日本一の山に登る（富士山）

「三七七六メートルの山に登ろう」と誘われたら、大抵の人はしりごみする。ところが「日本一のあの富士山に登ろう」と誘えば、「え、いつ?」と聞き返してくる。これは〝日本一〟のせいに違いない。「日本一安い」「日本一うまい」「日本一大きい」。それがギョーザであろうとまんじゅうであろうと〝日本一〟と聞けば心が騒ぎ、踊り出す。

なぜか心ひかれる三文字に誘われて、夏休みの最後を飾るビッグイベントに、おばさんと子ども二二名が結集。事前学習も行き届き、緊張気味のメンバーは、大型バスに身を寄せ合い、ことば少なに五合目を目ざした。

五合目に着いて歩き出すと、三〇分も経たないうちに息子の象平（小二）が吐き気を訴えてきた。登山はまだこれからなのに、この先いったいどうなるの?と不安に思いながら、酸素を買って試してみることにした。一缶一五〇〇円、「富士登山記念酸素」と印刷されている。酸素を吸えば何分間かは回復するものの、すぐまた足が止まる。

そんなことをくり返していると、上からタオルでほっかぶりをしたおじさんが馬を引いて下りて来た。五合目と七合目のあいだを、お客を乗せて行き来してい

見える山ほど
遠くて高い

る馬だ。そのおじさんが、私と息子が座り込んでいる所まで来て、ピタリと足を止めた。(まずい…)。

おじさんの目はまっすぐに私を見ている。「その子を馬に乗せてやりなさい」「いえ、けっこうです」「馬に乗ることは決して恥ずかしいことではない。かわいい子どもにつらい思いをさせてはいけないョ」。見透かされたようで思わず動揺すると、「ここから七合目まではもうあと少しだ」「え?」「安くしとくョ」「い、いくらですか?」「ひとり一〇〇〇円。他に乗りたい人いないかね」

——というわけで、息子はこれまたくたびれているような馬にまたがり、馬は今来た道を七合目に向かって歩き出した(歩いてみると七合目はもう目と鼻の先だった)。ちなみに、五合目から七合目で馬で運んでもらうと、ひとり一万二〇〇〇円。新幹線なら名古屋まで行っておつりがくる計算だ。この時、息子のほかにT君と年配のKさんが乗ったので、支払いは四〇〇〇円(大人は二〇〇〇円だったらしい)になった。

とてもこれ以上は無理と思われた息子をKさんにお願いし、二人を七合目の山小屋において、私たちは八合目を目ざして登り続けた。六合目まで山小屋から迎えにきてくれたお兄さんに助けられ、全員目的地の山小屋に到着。信じられないことだが、山小屋のお兄さんが六合目まで迎えに下りてきてくれたのだった。ほかの山小屋からも別の団体を迎えにきていたのでめずらしいことではないようだが、私たちにとっては神様のように思え、感激のあまりお兄さんと記念撮影して、本日の予定を終了した。

富士登山レポート
吉田口 登山道をのぼる
3776m
トイレ50えん
やった〜
アラ、イヤダ〜
○おおかたの予想を裏切って1着のFさん
ご来光。この日は5:00ごろでした。
ウァー
星もきれいでした
山小ヤで作ってくれた朝ごはん用弁当
つめたくて白いごはん
「牛肉カルビ」と書いてある
ミニふりかけ
荷物を積んだブルドーザーに出会う。これで登れば歩かずに頂上に立てる!
むりかし
9合目
〈山頂の実験〉…気圧体験
ややっ?
メリメリ
マリーム
マリーム
コーヒー用クリームパウダー
ふくらんでおわりでした。
○重さを考えて小さいビンにしたため、ポンッ!とはいきませんでした。何事も労を惜しんではいけませんね。
※五合目でたたいたのと頂上でたたいたのとどちらが痛いかという実験もあります。
どっちもイタイ
本8合目
朝、目が覚めると、ほとんど全員が「気持ち悪〜い!」
となりは100えんトイレ
トイレ無料
Hホテル
山小ヤの夜
お客は私たちだけでした。明日は300人泊るそうです。いったい、どこに?どうやって?
ボク、サラリーマンです。1カ月の夏休み中なの
大きいヤカン
私が当ホテルの料理長です
フッフッフッ
といってレトルトのカレーを出しました。
話ずきの兄さん山小ヤでアルバイト
ヤンキーの兄ちゃん
缶ビール600えん!
下界とくらべて3〜10倍のききめ!!
(10倍のききめなら、10人で飲める…)
ポン!
へえ〜
家からリュックにいれてきたボクの立場はどうなるんだ!
先にいたグループではグループのいちばん大きなビンでやっていました。コーヒはだめだったようです。
う〜
ヒバリ
長いなァー
つらいよ〜
苦しいョ
8合目
俺、もうダメダ〜
4ℓも飲み物もってくるからョ〜

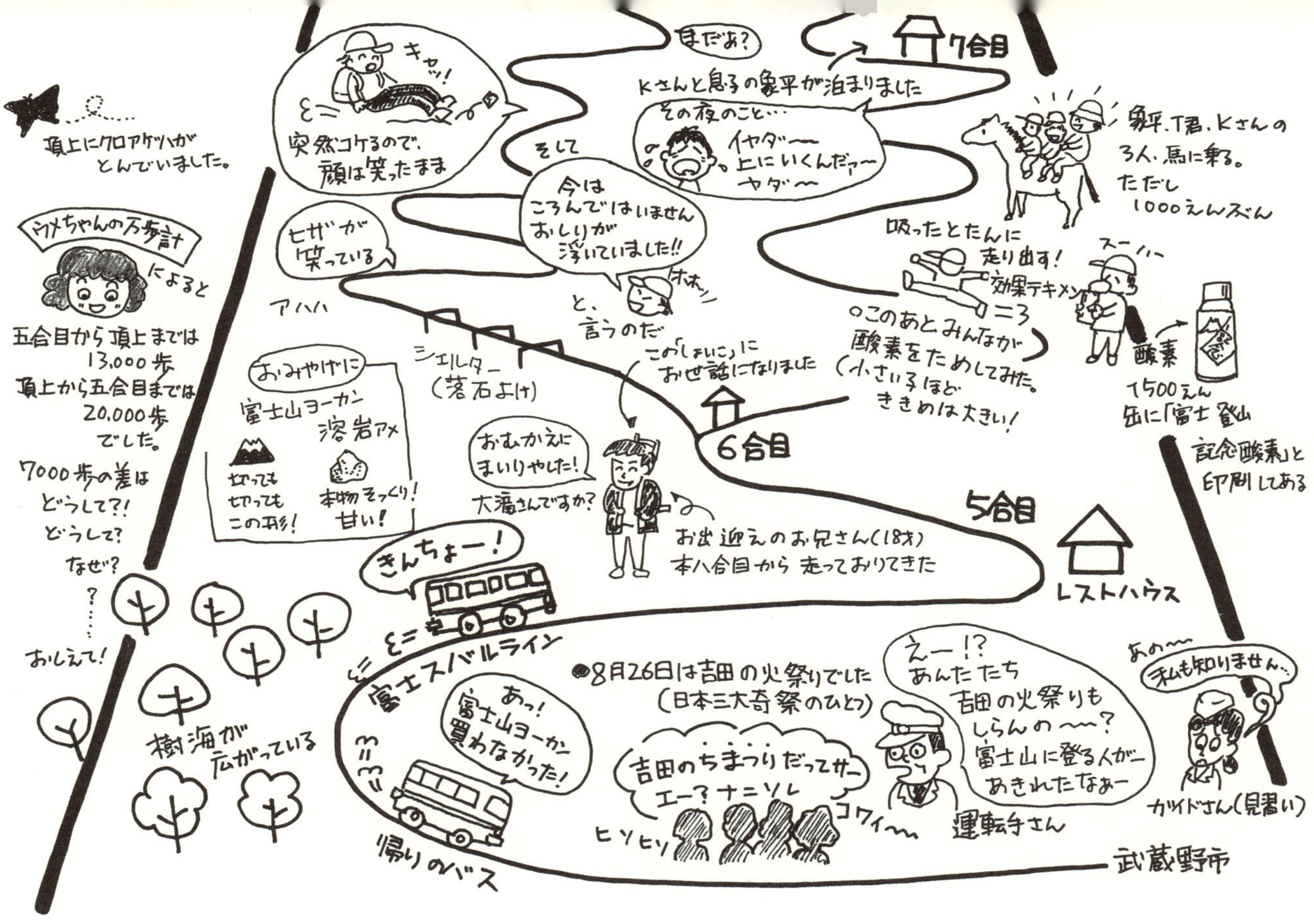
頂上にクロアゲハがとんでいました。
キャッ!
突然コケるので、顔は笑ったまま
まだぁ?
7合目
Kさんと息子の象平が泊まりました
その夜のこと…
イヤダ〜〜 上にいくんだァ〜 ヤダ〜〜
そして
象平、T君、Kさんの3人、馬に乗る。ただし1000えんズつ
ウメちゃんの万歩計によると
五合目から頂上までは13,000歩
頂上から五合目までは20,000歩でした。
7000歩の差はどうして?! どうして? なぜ? ? …… おしえて!
ヒザが笑っている
今はころんではいませんおしりが浮いていました!!
オホッ
と、言うのだ
吸ったとたんに走り出す!
効果テキメン
ニコ
スーハー
アハハ
シェルター(落石よけ)
このしょいこにお世話になりました
6合目
○このあと、みんなが酸素をためしてみた。(小さい子ほどききめは大きい!
酸素
1500えん
缶に「富士登山記念酸素」と印刷してある
おみやげに
富士山ヨーカン
溶岩アメ
切っても切ってもこの形!
本物そっくり!甘い!
おむかえにまいりやした!
大福さんですか?
お出迎えのお兄さん(18才)本八合目から走っておりてきた
5合目
レストハウス
きんちょー!
富士スバルライン
●8月26日は吉田の火祭りでした(日本三大奇祭のひとつ)
えー!? あんたたち吉田の火祭りもしらんの〜〜? 富士山に登る人がー あきれたなぁー
あの〜〜
私も知りません…
あっ! 富士山ヨーカン買わなかった!
吉田のちまつりだってサー
エー? ナニソレ
コワイ〜〜
ヒソヒソ
運転手さん
ガイドさん(見習い)
樹海が広がっている
帰りのバス
武蔵野市

地図:富士山、須走

翌朝、四時三〇分に八合目を出発。暗いなかを、杖をたよりにヨロヨロと歩く姿は、想像していた富士登山とはあまりにもかけ離れたものだった。五歩進んでは立ち止まり、一〇歩進んでは座り込むをくり返し、誰かが力つきて倒れても声をかける気力もない。こういうのを〝死の行進〟というのだろうか――。

まわりの登山者が、「もうそろそろだ」とご来光を見る態勢に入った（そこに座るだけだが）。私たちも、それぞれの場所で、雲海の少し明るくなってきたあたりをながめて待つことにした。「ご来光」というにふさわしいおごそかな雰囲気のなかで日は昇り始め、ことばでは表せないような満ち足りた時間が過ぎていく。「やっぱり富士山に来てよかったなー」とO君（小五）が言っているのが聞こえた。日が昇ると山も私たちの気持ちも明るくなって、感激の頂上へあと数メートルというところでふと前方を見ると、なんとそこには今回最年長、六六歳のFさんがニコニコとして私を手招きしている姿が。「体力」とはいったいなんなのでしょう？

日本一の景色を楽しんだ後は、石ころだらけの道をひたすら下山。ヒザが笑いだした頃やっと五合目に着き、レストハウスで息子とKさんに再会。くやしがる息子に必ず来年も富士登山に来ることを約束させられてしまった。しかも、隣で聞いていたTさんが小声でひと言、「私を誘わないでね」。こうして、究極の体験ツアー「富士登山」の二日間は終わった。

それから何年もたった今でも、富士山を見ると「あの頂上に登ったのよねェ…」と思い出す。一度登ったら一生楽しめる山、それが富士山だ。

前の年にはTさんとSさんを誘って実踏にも行ってきました。一泊のバスツアーに参加したのです。

冷房のきかないバスでした

ナニヨー
おかまの「カン」さん
バスの中での数々の奇行に乗客全員がおびえました。
「ひょう」のもようのパンツ

▼富士山・河口湖（吉田）口コース

◪コース　富士急行線河口湖駅＝登山バス（富士急行バス）五五分＝🚏富士山五合目↓富士山↓往路を戻る

●新宿駅西口、または浜松町高速バスターミナルから出ている「中央高速バス五合目直行便」（要予約）も便利です。新宿から五合目まで二時間二五分。

※富士急行バスサービスセンター　☎03・5376・2222

◪一般コースタイム　五合目から山頂まで上り六時間、下り三時間

私たちのグループの平均的スタイル
（おばさんの部）
首にタオル
金剛杖
（この頃で一本1,000円。鈴つき）

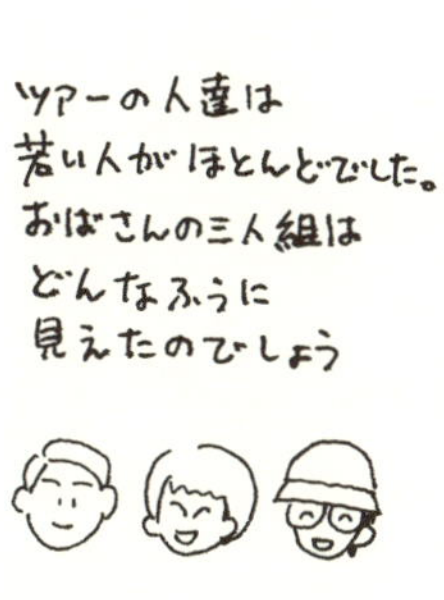
ツアーの人達は
若い人がほとんどでした。
おばさんの三人組は
どんなふうに
見えたのでしょう

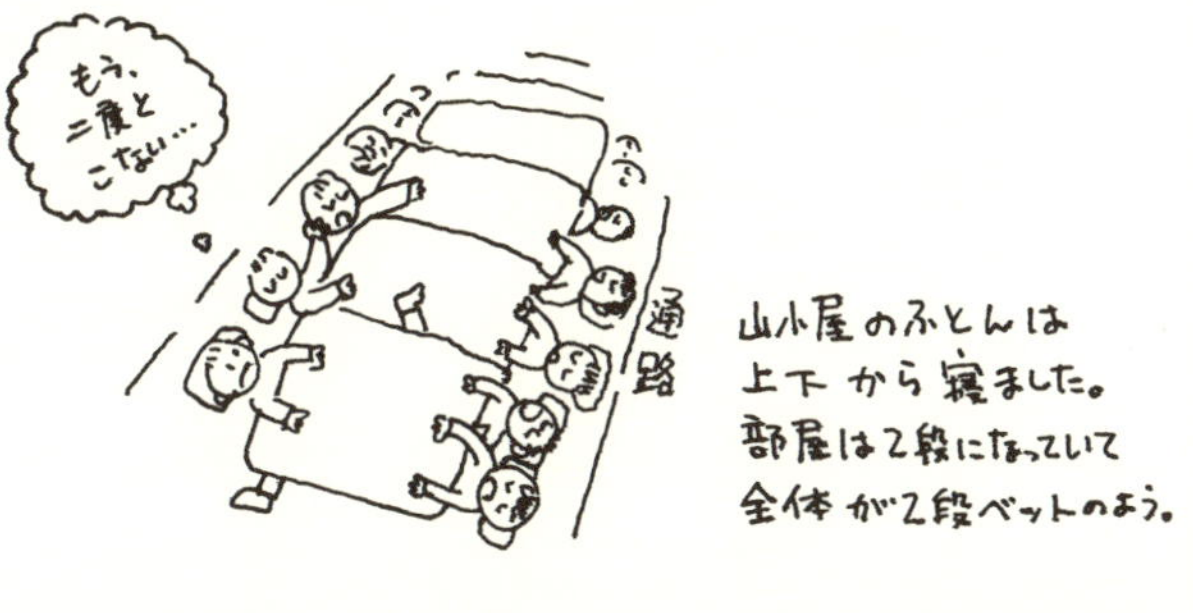
もう、二度とこない…
通路
山小屋のふとんは
上下から寝ました。
部屋は2段になっていて
全体が2段ベットのよう。

雨がふってきた！
初めて子どもと山に行くときは春か秋で100%晴れの日に行きましょう！
どーして？
気持ちいいから
フードの下に帽子をかぶると水滴が顔に流れてきません
◀セパレートタイプ
○動きやすい
○両手が使える
※防水素材によって値段はいろいろです
防水スプレーをかけておく
こんなのもあるヨ
▲レインハット
◀スパッツ
◀ザックカバー
開けた山道や風のない小雨のときは傘が快適！
▲ポンチョ
○両わきがあいているのでむれない
○両手が使える
×風に弱い
×岩場など急斜面に不向き
▲折りたたみ傘
○手軽
○むれない
×片手がふさがる
×風に弱い
▲透明ビニール製レインコート
○安い
×むれる
×破れやすい
雨の降り方と歩く場所によって、向き不向きがあります
折りたたみ傘と雨具の両方を持って行きましょう
＊あると便利＊
ビニールのふろしき
ビニール袋
リュックが入る大きいゴミ袋
リュックサックのカバーがわりに…
折り返してゴムひもをいれ、ザックにむすぶ
▲レイングローブ
◀防水スプレー

川遊びに行く（秋川）

「ねえ、見て見て、釣れちゃったョ」

ホラ、とこちらに見せたMさんのサオの先には体長二〇センチぐらいの虹マスが体を踊らせていた。「わぁー、すごーい!!」。賞讃の声を浴びながらも釣り上げた本人はこの後、どうしていいかわからないらしく、魚をブラブラさせている。すぐそばで釣りをしていた人も驚いてながめているが、魚にではなく、Mさんその人に驚いているようだった。Mさんは去年初めて川遊びに参加したHちゃんのお父さん、今年で釣りは2度目だが、この日のために購入したらしいサオを持っての登場だった。

山の会ではここ数年、会員のO君（高一）を先生に一年に一度秋川で魚釣りをしている。もとはといえば秋川の近くの山に登る予定で来たものの、何十年かぶりの猛暑に計画を変更、川遊びをして帰ったのが始まりだった。子どもたちが水遊びの好きなことといったらみなさんご存知の通り、そこに釣りがプラスされたらこんな楽しいことはない。いまや会員の中にはこの日を楽しみにしている子も少なくないので、毎年七月には川遊びに行くのが恒例になっている。ちなみに、一番人気は餅つきで、二番目が魚釣り、三番目がバスハイキング、やっとここで

ハイキングという言葉が出てくる。

上流では中学生の男の子たちがさわがしい、「つかまえた！」（つかまえた？）。どうやらアユを手でつかまえたらしい。その方法はともかく、大漁の予感に胸が高鳴る。まだ釣り始めて何分もたっていないのにこの成果、一日いたらどんなにたくさん釣れることか（やっぱりバケツとかアイスボックスを持ってくるんだった!!）。子どももおばさんもO君が用意してくれたサオを片手にニコニコと川に入っていった。

——ところが…「ど〜お？」「全然ダメ」。大漁の予感はみごと外れ、昼近くになってもオバサンも子どもも流れの中に立って空しくサオの先を見つめているだけだった。夏空の下セミの声がやけににぎやかだ。おまけに、さっきのアユは何メートルか上流でアユ釣りをしていた人が逃がした傷だらけのアユで、フラフラと流れてきたところをつかまったらしいという情報も入ってきた。「だいたい、こんな昼ひなかに魚なんて釣れるはずないわョ」という声も聞こえる。

次第に敗戦の色が濃くなってきた岸辺は、ムードも沈滞気味で投げやりだ。そこに今朝、大物を釣り上げたMさんが戻ってきた。「Mさん、釣れたァ？」「ううん、ダメ」。しかし、すでに一匹釣り上げたせいかMさんの顔には余裕すら感じられる。「さっきのはビギナーズラックっていうのかなぁー、フフフ」

本人は本当にそう思っているのだろうか。Mさんは河原に座り込むとおもむろに「釣り入門」の本を取り出し、テグスの結び方の書いてあるページを開いた。なんと、それを見ながら自分のテグスを結ぼうとしている。「あー、わからない、

やっぱりO君にやってもらおうっと！」。どうやら新品のりっぱな釣りザオの先にエサをつけたのもO君らしい。なんとなく「えー?!」という気持ちはあるが、釣れてしまった人にはかなわない。肝心のO君は早くもサオをしまって帰り仕度。「O君、釣れなかったの?」「いや、何匹か釣れましたけれど小さかったので逃がしちゃいました」

キャッチ・アンド・リリース、それが正しい釣り人のあり方らしい。「まだ子どもだから許してやろう」なのか、「小さくて食べるところがないから」なのか、「太らせてから食べてやる」なのかはわからないが、せっかく来たからには手づかみでも一匹ぐらいは…というオバサンには理解しがたい言動だ。だいいち、そんなこと言っていたらチリメンジャコなんて食べられない。

子どもたちはいつの間にかサオを投げ出して川遊びに夢中だ。女の子はメダカすくい、男の子は川岸の岩から次々に川に飛び込んでは歓声を上げていた。裸で岩にへばりついている様子はまるでカエルの子のようでおもしろい。

釣りの成果は今ひとつであったが、たっぷりと川で遊んだ子どもたちと帰途についた。これでいいのだ、この豊かな時間こそが大切なのだと思いつつ振り返る。「あれ?　虹マスは?」「ああ、あれ?　逃がして来ちゃった」「え?!　うそあーあ、もったいない!!」

人が逃がした魚まで、もったいながるオバサンたちには、釣りよりも地引き網のほうが向いているかもしれません。

え?　スーパーに行ったほうが早い?

子どもと川へ行く時は

夏の川遊びは楽しいけれど事故が心配。子どもたちを連れてよく川遊びに行くという篠木眞さん（奥多摩ビジターセンターの職員）にお話をうかがいました。

Q 子どもたちを連れて川遊びに行く時は、どんなことに気をつけたらよいでしょうか？

A まず、子どもたちと一緒に川全体を見て回り、危険な場所を知らせておきます。その時、急流に木を投げて流れの速さを見せたり、石を投げて音で深さを予測させたり、実際に大人が入って深さを見せたりもします。それと、渓流遊びには浮き輪を持って行きません。川には「瀬」と「よどみ」と「渕」があり、流れのゆっくりした所でプカプカ遊んでいて突然、急流にもっていかれることがあるからです。

また、本流にわきから沢の水が入ってくるよどみや渕がありますが、ここは表面と深い所の水温差が非常にあるので危険です。温かい水の下に冷たい水があるので、ドボンと飛び込んだ時に心臓マヒを起こす危険性があるからです。

Q お母さんたちには？

A 川で遊んでいる子どもに背を向けておしゃべりをしているのは事故の元です。水の事故は一分以上気がつかなければ、死亡事故につながってしまいます。

必ず子どもを視野に入れておきましょう。これは事故を起こさないためというよりは気遣いですよ。

Q 川遊びの時、靴をはかせることは本当に必要でしょうか。素足の感覚も大切だと思うのですが。

A 私も靴をはかせて川に入れます。私自身、過去に素足で入って足を切り、水の中が赤くなるほどのものすごいケガをしたことがあるからです。

素足で遊んだほうが気持ちがいいことを充分に体験させた上で靴をはかせます。そして人間は、自分たちが投げたガラスによってケガをするのだということを学ばせます。靴をはかせることに意味があるのではなく、なぜはくのかを学ぶことに意味があるのです。ケガをするのがいやだったら、原因となる物を自然の中へ持ち込んだり置いてこないことですね。

（一九九九年一一月二〇日奥多摩ビジターセンターにて）

●篠木さんおすすめの一冊

『センス・オブ・ワンダー』レイチェル・カーソン著／上遠恵子訳・新潮社

「センス・オブ・ワンダー＝神秘さや不思議さに目を見はる感性」子どもといっしょに自然の中に入っていく大人たちにぜひ読んでほしい一冊です。

キャンプに行く

林明子さんの『はじめてのキャンプ』（福音館書店）という本を読んで、みんなでキャンプに行ってみよう！　ということになったのが一〇年前。子どもは一年生が中心で、母親は私以外キャンプなどやったことがないという、総勢二〇人のグループだった。学校でも子ども会でもない、単なる友だちとそのお母さんが何度も集まっては相談。ヤケドの心配、ケガの心配、果てはヤクザにからまれたらどうしようと、心配の種は尽きることがなく、ついにはみんなで保険に加入することにした。

ところで、キャンプの計画のなかで、楽しく、そして頭を悩ませるのは食事のメニュー。おばさんの集団なら食事で困ることなどないとお思いでしょうが、家の台所から一歩外へ出れば主婦は無力、コンセントのない所ではおばさんもまた動かない。

相談の末、第一回目のメニューはカレーライスに決定。さすがにこれは大丈夫、しかし問題は「ごはん」。薪《まき》を燃やすのは子どもたちに人気の仕事だが、飯ごうを見る人がいない。おばさんたちは最初、もの珍しそうに飯ごうをとり囲んでいるが、ブクブクと吹いてくるとあたりを見まわし、一歩近づいては二歩離れ、だ

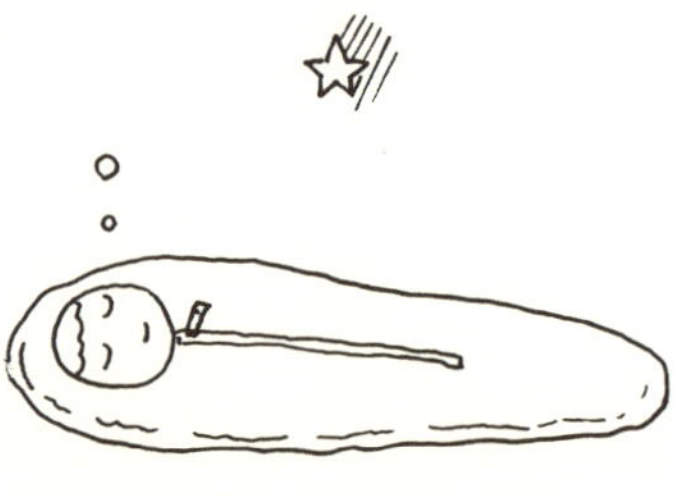

んだん遠巻きになり、だれもいなくなってしまう。キャンプを始めて一〇年経った今でも、なぜかこれだけはほとんど変わらないのは不思議。

カレーライスとカレーパンのキャンプも何年か経って参加者が増えるにしたがい、新しいメニューがとり入れられることになった。まずは昼ごはんにそうめんを採用、しかも天ぷらつき。続いて炊き込みごはんと焼き鳥、よくわからないエスニック料理、そして昨年は手打ちうどんと冷やし白玉まで作ってしまうという、もう、アウトドアというよりは、商店街のお祭りの模擬店のようになってしまった。私たちのキャンプ料理、この先、行き着くところはいったい…。

さて、私たちのキャンプは食べることに自信をもったせいか、ほかのことにも目を向ける余裕が出てきた。二日間という短いキャンプながら、子どもたちには感動的な体験をさせたい。

そうだ！　この間テレビで見た「火起こし体験」というのはどうだろう。自分で起こした火でご飯を炊いて食べる――これはきっと感動するに違いない!!

さっそくいつもの東京・高尾森林センターにお願いしてみた。指導料はお子さま一人につき二〇〇円（現在は無料）。感動の体験が二〇〇円とは安い！　さっそく、その場で申し込み、あとは当日を待つだけとなった。

七月に入り、いよいよキャンプの日がやってきた。高尾山のふもとの日影沢キャンプ場に、インストラクターのお兄さんたちが火起こし器を持って颯爽《さっそう》と登場。まず驚いたのは、その火起こし器（と呼んでよいのでしょうか？）のりっぱなこと！　木目も美しくていねいな作りで、工芸品の趣さえある。「りっぱですねー、

・火起こし体験

おいくらぐらいするんですか？」。いつものことながら値段が気になる。ニコニコとしたお兄さんが答えた。「一つ一万円します！」「うっそー」「私、いらなーい」。取り囲んだお母さんたちから声があがった。うーむ、野外感動体験には道具と指導者だけではなく、資本金も必要であったのだ。

　とにかくいくつかのグループに分かれて火起こしが始まった。作業としては火起こし器の横木を両手でしっかりと握って何度も下に押し下げるだけ。ブーンブーンと音をたてて火起こし器は回転、これなら案外簡単に火がつくかもしれない。いや、簡単についてもらっては困る。苦労に苦労を重ねてやっとのことで成功してもらわないと感動できない。

　しかし幸いなことに、子どもの力は思ったほど強くないらしく、なかなか煙が出てこない。インストラクターのお兄さんたちは走ってあちこちのグループを指導して回り、すでに汗をかいている。なにしろ、この炎天下でさらに火を起こそうとしているのだ。

　そのうちどこからともなくキナ臭くなってきた。まずMちゃんグループでうっすらと煙が出てきた。すると、お兄さんは手に持っていた缶から綿のようなものを取り出し、火種の上にのせるとフーフー吹き出した。フーフーフーッフーッフーッフーッ。顔が赤くなって苦しそう。どうやら火起こしでは、ブーンブーンだけでなくこのフーフーも重要らしい。細心の注意を払ったフーフーの末、やっと小さな炎が誕生！

　さっそくかまどに運ばれ、薪に点火された。「やったー」。拍手とともにVサイ

ンで写真におさまるMちゃんグループ。しかしその笑顔は、苦労の末の…というよりは「アタシたちが一番ョ」という得意気な顔――。

一方、お兄さんたちはタオルで汗を拭いながらも満足そう。遠くからその姿を見ていると、ひょっとしてきょう一番感動しているのはこのお兄さんたち？　と思ってしまう私だった。

あー、感動するってむずかしい！

*

高一のY君は、わが山の会では自他ともに認める火元責任者だ。小さい頃から火のそばがすきで、「危ない！」「やけどするョ」と叱られながら育ってきた。もちろん私も火を焚くのがすきで、そのためにキャンプをしているといっても言い過ぎではない。そんな私たちに、試練が訪れた…。

いつものように新聞紙、小枝、薪《まき》をうまく組み合わせ、「これでマッチ一本で火が付くぜ！」と得意気に話しかけるY君と、いそいそと薪を運ぶ私の隣から突然、ゴオーッと異様な音が聞こえてくる。

見れば初めてキャンプに仲間入りしたA氏が、手にガスバーナーのようなものを持って立っている。目はキラキラと輝き、新しいオモチャを手に入れた子どものようだ。「これ便利だョー、すぐ火が付くョ！」。ギョッとするY君と私にはおかまいなしに、A氏は自分のカマドに無造作に薪を投げ入れると強引に火を付け始めた。音といい、炎の色といい、それはまるで溶接のようで、まわりにいたみ

んなもあっけにとられて見守っていたが、すぐに「便利ねぇー」と、大方の意見はそちらに片寄った。

Y君はちらりと私のほうを見ると、「ああいうのは火が起こせない奴がすることだよなァ！」と私に同意を求めた。「そうだ、そうだ」。うなずく私の横ではガスで付けられた火が燃えさかっている。「ほーんと、早くていいわねぇ」。火など起こしたこともないオバサンがさらにほめる。私たちは火炎放射器にマッチ一本で立ち向かっているような気持ちになった。

Y君の付けたマッチの炎から、火は新聞紙に燃え移り、うっすらと煙を上げながら小さなオレンジ色の炎になった。パチパチと音を立てて、小枝に燃え移っていくのを見ながらY君はつぶやいた。「火なんかうまく付けられたって、なんにもならねえよなァ…」「そんなことないよぉ」と力なく応える私。「こういう技術って、すごいと思うョ、いつかきっと役に立つから…」

いつかって、いったいいつのことだろう？　と思いながらも、（じゃあ火打ち石は？　キリモミ式発火法はどうなったんだ？）という心の声に思わずうなだれてしまう私だった。

＊

子どものキャンプの食事といえば、定番はカレーライスだ。少なくとも私が初めてキャンプに参加した三〇数年前からそうだと言える。カレーライスの便利なところは、①誰もが作れて（とにかく切って煮ればよい）②失敗がない（たとえ

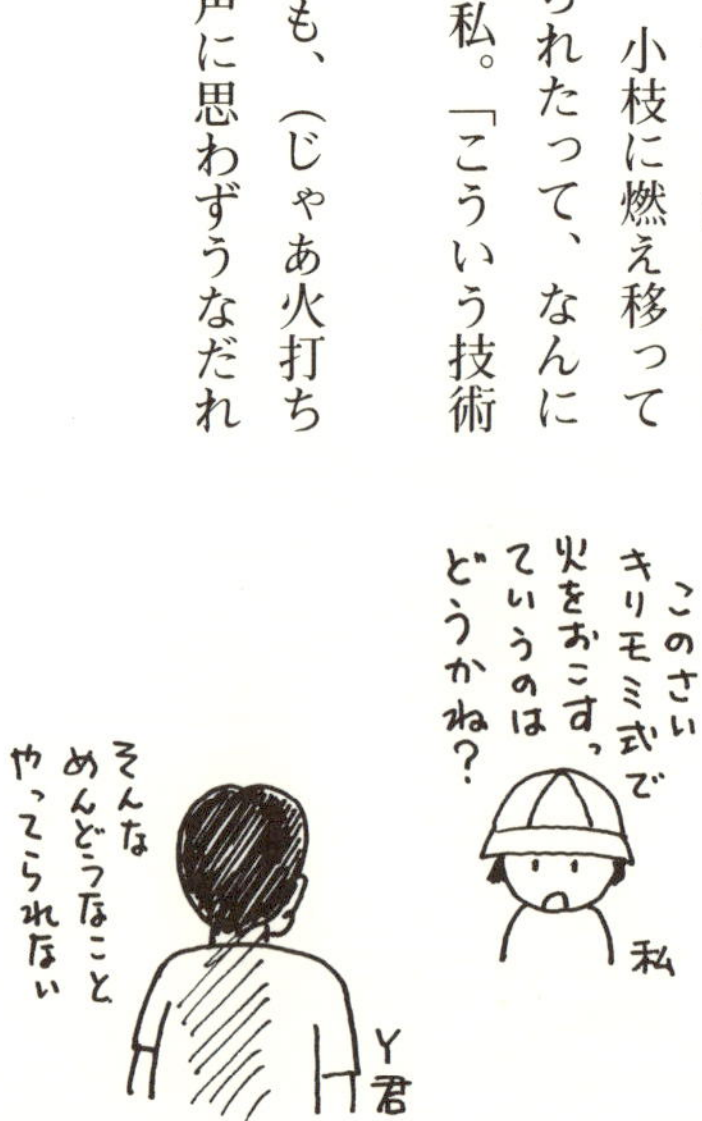
このさい
キリモミ式で
火をおこすっ
ていうのは
どうかね？
私
そんな
めんどうなこと
やってられない
Y君

水を入れ過ぎてもカレー汁として復活できる）③食器が一つで済む（これが豚汁だったらそうはいかない）、この三点につきる。欠点は一つ、なぜか大量に作り過ぎて翌朝カレーパンになることが多い…。

しかし、いくらカレーが便利でも三食ともカレーというわけにはいかない。何か目新しいメニューはないものかと考えていると、Yさんが「ホットドッグはどう？　アルミホイルでパンを包んで牛乳パックに入れるだけ。あとは焚き火の上にのせて紙が燃えたら出来上がり」。「ふ〜ん」「うちの子は珍しがってすごく喜んだけど」。なるほど、確かに一味違う、これは案外いいかもしれない。食器を使わないというのもグッド!!

というわけで深く考えもせずに決定、あっという間にキャンプの当日となった。大人も子どもも嬉しそうにホイルにパンを包んでいる。総勢五〇名、牛乳パックはピラミッドのように積み上げられた。燃え盛っているカマドの上にその半分を並べみんなワクワクとして待っている。「まずい!!」と気がついたのは数分後。火はまたたく間にパックに燃え移り、全体を包んで大きな炎の柱となった。

ぼう然として見守る目の前を火のついた紙切れがフワフワと飛んでいく。「キャー」。現場は大混乱。しかし、このままでは昼ご飯が燃え尽きてしまう、エイッとばかりに炎の中に火バサミを入れ次々にホットドッグを取り出したが、焼け焦げたアルミホイルの固まりからはホットドッグの形をした炭が出てくるばかり。半分だけ焼け残ったホットドッグや、奇跡的に助かったものをみんなで分け合うことになった。「何、コレ」「ヤダー、こんなの食べられないョー」

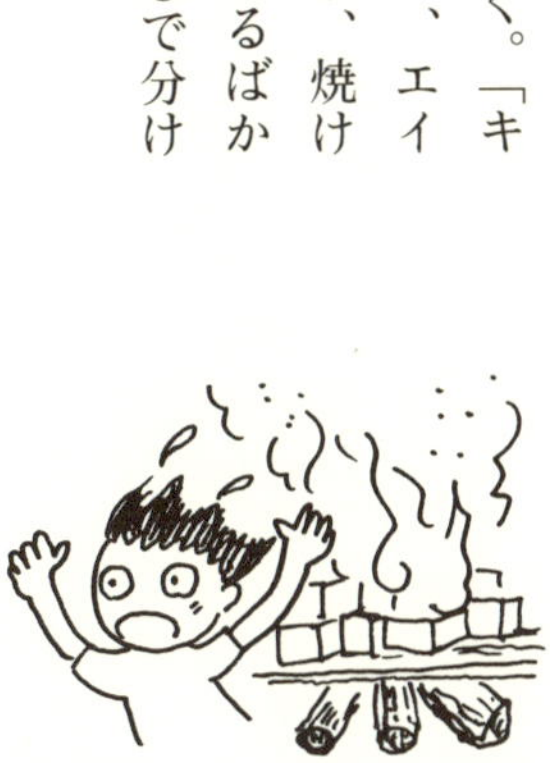

確かにそうかもしれない、でもそんな暗い顔して食べないでほしいなあ…。私なんか火事にならなかっただけでもこんなにうれしいのに。

（※注意：やってみたい人は2～3個で）

ねえー
こげてるヨォー
動かない
▲おばさんと飯ごう

これはですね
食べられますか?
自然観察
▲何しろ昼は天プラなのです

宿題やってある?
あ、わすれた
▲ファミリーキャンプでは話題に気をつけよう。

あこがれの北アルプスに登る（燕岳《つばくろ》）

夏休みもそろそろ終わりに近づいたある日の新宿駅。なまいきざかりの中・高校生一一人と小学生一人、子育てに疲れた四〇代の母親四人の計一六人が、松本行の高速バスに乗り込んだ。

目ざすは北アルプス・燕岳《つばくろ》。五、六歳だった子どもたちと高尾山（東京）をスタートに山歩きを始めて一〇余年、時に迷子事件にあわてながらも、ついに北アルプスに「王手！」。なんと言っても「北アルプス」、口に出して言うだけでもうれしい…。

しかし、子どもたちは今や体力をもてあましている高校生、私たちはあれから一〇歳年をとった、ただのオバサンだ。これで無事に山から帰ってこられるのだろうか？　燕岳は登山道も整備されていて、危険な山ではないといわれているけれど、渋谷の街から連れてきたような息子の姿を見ると不安が入道雲のようにムクムクと胸に広がる。なにしろ、ここのところ親子ゲンカが続き、ふすまにも大きな穴が開いたばかり。きょういっしょにいることさえ不思議なくらいだった（しかし、息子にとってはおとなは添乗員、友だちこそがいっしょに山に行くメンバーなので、問題はないのかもしれない）。

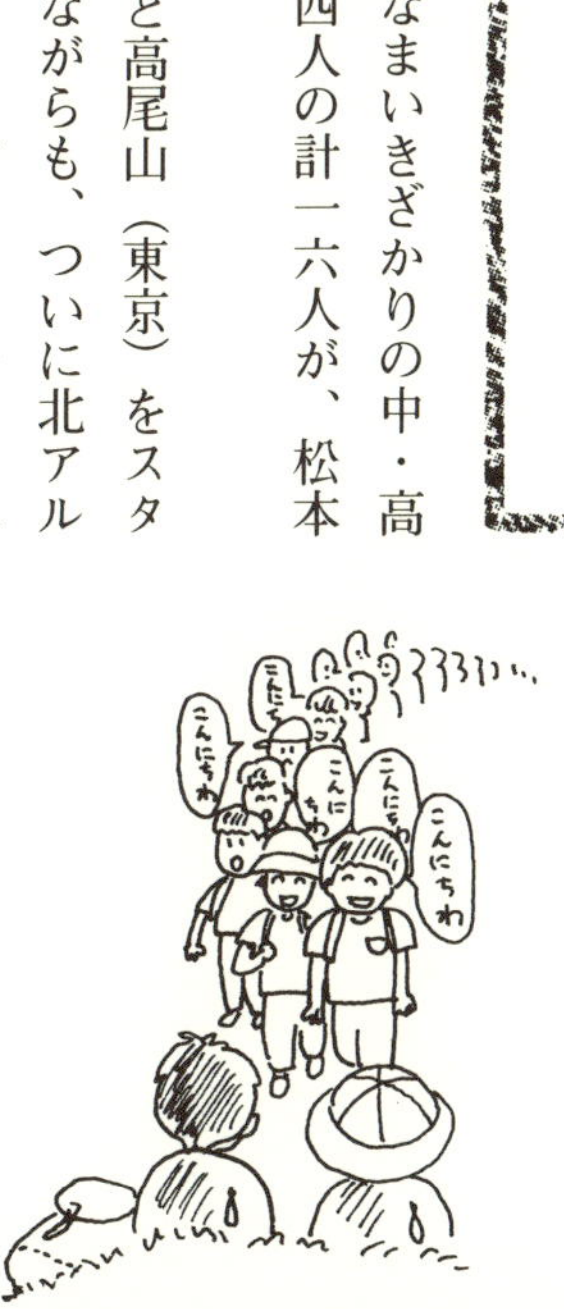

わきあがる不安と、ひょっとしたら親子関係を少しは修復できるかもという小さな期待とともに、バスは出発した。

一日目は穂高の知り合い宅に一泊、翌朝いよいよ登山を開始した。子どもたちは、きのうから実によく働き、何を頼んでも「ハイ・ハイ」と機嫌がいい。こんな息子を見るのは久しぶりで、にわかには信じがたい。ほかの子どもたちも協力的で魔法でもかけられたようだった。たぶんこれは、山の澄んだ空気のせいで、心が清らかになったに違いない。やっぱり来てよかった!! とまだ歩き出して一時間も経っていないのに早くも感激、親子関係はすでに改善されたように思われた。この日はひたすら登って燕山荘に到着、午後の山を眺めて本日の予定を終了。高校生たちからは、夜中までヒソヒソと話し声が聞こえてきていた。

三日目も快晴、遠く槍ヶ岳《やりが》を見てよい子たちとやさしいお母さんたちの快適な尾根歩きが続く。思えば私が初めてアルプスと名がつく所を歩いたのは、この子どもたちといくつも年が違わない時だった。「あの頃は子どもだったよねぇ…」「まったく」。あの頃いっしょに山を歩いたTさんが相づちを打つ。

尾根を降りると、こんどは一転して沢沿いの長い長い道となった。歩いても歩いても先が見えない下りで、みんな口数も減り、やっとのことで登山口にたどり着いた私たちだったが、温泉めざしてドカドカ走っていく子どもたちの後ろ姿を見ながら、Sさんがつぶやいた。「あと少し、あの下りが続いたら私、もう歩けなかったかもね…」

こうして感動の三日間を終え、一同新宿駅で解散の時がやってきた。ここで高

燕岳
＊前の晩、「人生ゲーム」に狂じる小学生のO君と中1のT君
うーん
ハハハッ！
そこの大富豪、カレーができたヨ。
東沢岳を経て餓鬼岳に至る
東沢乗越
燕山荘で夕食のあと、アルプ。ホルンを聞かせてもらいました。
急な下り
稜線最後の展望をゆっくり味わう
分岐から中房温泉まで3時間の下り
カモシカ！
北燕岳
＊思春期の山登り
バス停に近づき、沢の水で髪をととのえる高校生の息子たち。
ヘアブラシと鏡は必需品です。
お花畑の中でサルの親子連れに会う
コマクサ
サルだ！
あの〜。道をあけてもらえませんか？
燕岳
2762.9m
朝から夜までながめていたいアルプスの山々
風化した花崗岩塔
おもしろい！
更年期の山登りには…
世間話とサロンパス！
ナルホド
葉っぱ。
表銀座コース
お花畑
燕山荘
ケーキとコーヒー
生ビールもある
合戦沢の頭
（みたご）
お！いいネ！
あっ、いけナア！あのケーブルで登りたい…
中房温泉
ライチョウだ！
チャボじゃないの？
いったいあのトリは何だったのでしょう？
大天井岳へ
合戦小屋
荷揚用ケーブル
富士見ベンチ
第三ベンチ
第二ベンチ
第一ベンチ
水
ガ〜
国民宿舎
有明荘
汗を流して帰ろう
O君（小6）高山病になる
（標高2,200m位のところから）
※高山病は下山すれば治る
帰りのタクシーの運転手さんに聞く
日の出の瞬間、燕山荘のあたりでいっせいにピカッ！ピカッ！と光るのが見えます。（穂高町から）カメラのフラッシュの光なんだね。
そういえば、私たちも今朝撮った…
露天風呂もあります

地図・槍ケ岳・烏帽子岳

校生グループがなにやら相談のようす。「俺たちこれからカラオケに行くから」「えー!?　何言ってるの!!」。思わず声が大きくなる。「きょうは登山の後だし、クドクド…」「うるせえ」

そこには、いつの間にか魔法がとけてカボチャにもどった息子が、こっちをにらんで立っていた。

あー、山に帰りたい。

▼燕岳（二七六三メートル）

北アルプスの入門コース、道は整備されていて迷うことなく登れます。中房《なかぶさ》温泉から合戦尾根を登ること四時間、たどり着いた燕山荘からの大パノラマは感動的！　翌日は燕岳から北燕岳を回り、東沢乗越から中房温泉へ。東沢乗越から下るコースはかなり長くなるので、単調でも燕岳を往復するコースがよいかもしれません。

◪コース　JR大糸線穂高駅＝安曇観光タクシー40分＝中房温泉→合戦小屋→燕山荘（泊）→燕岳→北燕岳→東沢乗越→中房温泉＝往路を戻る

※夜行一泊が一般的

◪一般コースタイム　一日目四時間一〇分、二日目四時間

東京一の山に登る（雲取山）

●参加者の声、声、声

「東京都で一番高い」という雲取山。

誰からも「根性がない」といわれる私。

その私が雲取山の頂上をきわめることができたのも、ひとえにアヒルの会先輩諸姉のおかげでございます。感謝。

一日めは、清流のせせらぎを聞きながらたっぷりの林道歩き。温泉は入り放題だし、食事もホカホカ、星空を見上げて飲むビール（五〇〇円也）は格別でした。

翌日はさわやかに晴れ上がり、山頂付近は眺めも最高で、遠くに見える富士山の姿に「去年の今頃はあそこにいたのよね」と皆でしみじみ感動いたしました下りは、まあ、なんというか…ちょっときつかったかなぁ…という気もしなくはないのですが…なにはともあれ、無事に帰り着いてよかった！

（小田）

また行きたいな。お湯はいいいし、景色もいいいし。下界の猛暑も雲取までは届かなかったみたい。

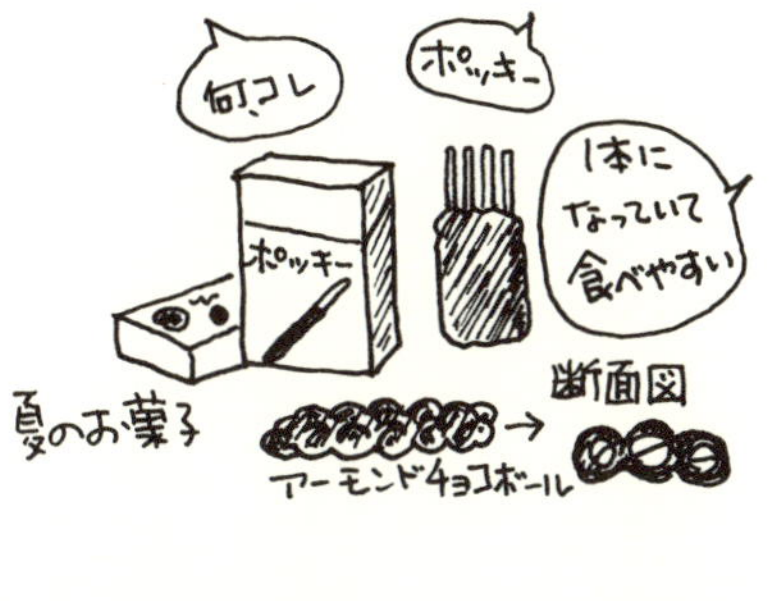

私は図鑑で見て以来、その花の色が三〇年（！）近くも気になっていた　フシグロセンノウ（ナデシコ科、朱色）と初対面してうれしかった。節の部分だけが濃い紫褐色になるのが名前の由来らしい。

春や秋に頂上から　白い雲をかぶった富士山や南アルプスを見てみたいな。それにしても去年の富士山といいお天気に恵まれたのはラッキーでした。（斎藤）

昨年は日本一の山に登ったのだから今年は東京都一の山に登らねばと思い（うーむ来年はどこなのでしょうか……？）この一〇〇年ぶりの猛暑の中　行ってまいりました。

登りは思ったほど、きつくなく、山小屋は新築で温泉つき、道沿いにはめずらしい花がいっぱい。頂上では三六〇度の展望、富士山から南アルプス、八ヶ岳、浅間山まで。しかししかし下りが実に長い、長い。

帰ったら足の親指の横っちょに大きな水ぶくれのおみやげがありました。まぁ五日間もすれば足の痛みも消えました。やっぱり高尾山と景色が違う。何しろ森が、イ、イ、イ。杉はないのです。カラマツ、ブナ…あとはよくわからないけれど　木々の葉が太陽に照らされて、キラキラしているのです。雲取山、名前の通りの二〇〇〇ｍの山でした。（佃）

三条ダルミで休んでいると自転車をかついだ学生が登ってきました。聞きとり調査の末、一〇日位前に大阪を出て、富士山頂まで自転車で登り、下る。二日前

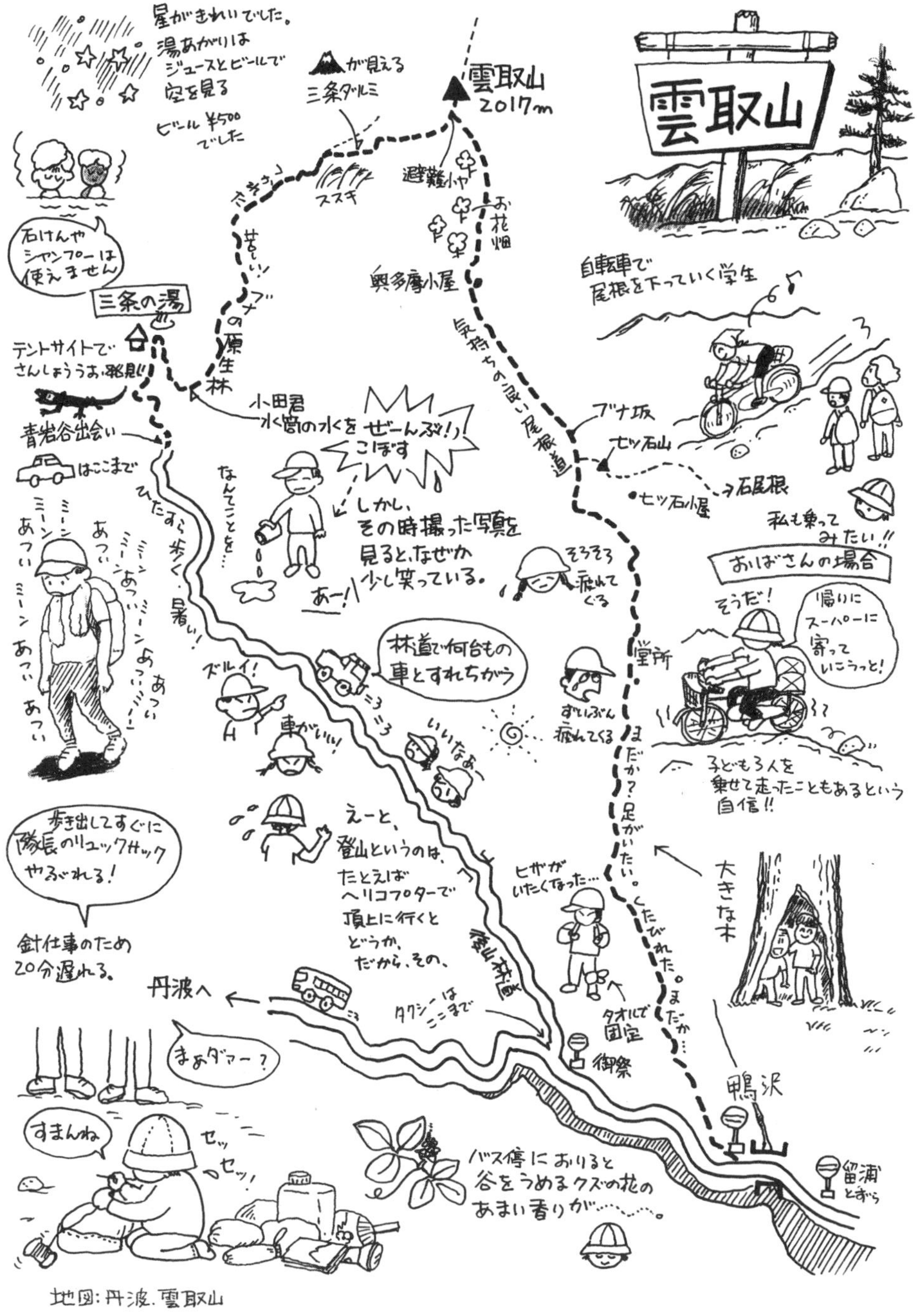

星がきれいでした。
湯あがりはジュースとビールで空を見る
ビール ¥500 でした
が見える
三条ダルミ
雲取山 2017m
雲取山
避難小ヤ
スズキ
お花畑
苦しい!
ブナの原生林
奥多摩小屋
自転車で尾根を下っていく学生
石けんやシャンプーは使えません
三条の湯
テントサイトでさんしょううお発見!!
気持ちの良い尾根道
小田君 水筒の水をぜーんぶ!!こぼす
ブナ坂
青岩谷出会い
七ツ石山
石尾根
はここまで
七ツ石小屋
なんてことを…
しかし、その時撮った写真を見ると、なぜか少し笑っている。
私も乗ってみたい!!
おばさんの場合
ひたすら歩く。暑い!
そろそろ疲れてくる
あー!
ミーン ミーン あつい あつい
そうだ!
帰りにスーパーに寄っていこうっと!
林道で何台もの車とすれちがう
堂所
ズルイ!
車がいい!
いいなあー
ずいぶん疲れてくる
まだか?足がいたい。くたびれた。まだか…
子どもろ人を乗せて走ったこともあるという自信!!
歩き出してすぐに隊長のリュックサックやぶれる!
えーと、登山というのは、たとえばヘリコプターで頂上に行くとどうか。だから、その。
ヒザがいたくなった…
大きな木
針仕事のため20分遅れる。
登山林道
丹波へ
タクシーはここまで
タオルで固定
御祭
まぁダァー?
鴨沢
すまんね
セッセッ!
バス停におりると谷をうめるクズの花のあまい香りが……。
留浦 とずら

地図：丹波、雲取山

は大菩薩峠に登り、今日は雲取山。山を降りたら一泊して、明日は帰ることが判明。

うーん。

お家の方は何と言ってますか?! とは言いませんでした。男の子4人と女の子一人、あっというまに山をおりて行きました。あーしかし、やはり考えてしまう。お家の人は何かおっしゃっていなかったのでしょうか。でも私も乗ってみたい。

（大滝）

▼雲取山（二〇一七メートル）

一日目の長い車道歩きがつらいものの、三条の湯で汗を流せば疲れもふきとびます。二日目は原生林の急登からスタート、三条ダルミまで行けばもうひとがんばりで山頂です。下りは明るい石尾根縦走路を景色を眺めながらブナ坂の分岐まで。そこからは長い長い尾根を鴨沢目ざして降りていきます。鴨沢のバス停で待ち時間が長いようなら、留浦《とずら》のバス停まで歩くとバスの便が多いようです。

◪コース　JR青梅線奥多摩駅＝丹波行西東京バス五〇分＝🚏御祭→青岩谷出合→三条の湯（泊）→三条ダルミ→雲取山→奥多摩避難小屋→ブナ坂→堂所→🚏鴨沢＝西東京バス四〇分＝JR奥多摩駅

◪一般コースタイム　一日目三時間、二日目六時間

秋

くり拾いに行く（高川山）

山に行った時に拾うものがあるというのはうれしい、ましてそれが「食べられる」となったらなおさらうれしい。今日、私たちの山の会は秋の野山を観察するべく、電車に乗ってはるばる初狩まで高川《たかがわ》山に登るためにやって来た。観察といっても、誰かが「ワァー、あれ何だろう？」と指差したらそっちを見て、「へエー何かしら」とか「ほおー」とか言って通り過ぎて行くだけなのだが。

しかし、秋の山にはそのまま通り過ぎるのが惜しいものがある。

「あ、クリ」

見ると親指の爪ほどの小さなクリがいくつも落ちている。ツヤツヤと光ったクリの実を大人も子供も夢中になって拾いはじめ、なかなか先へ進まない。「ねえ、このクリ食べられる？」「（なんてこと聞くんだ！）もちろん」「じゃあ食べようヨ」「ゆでなきゃ食べられないよ」「お弁当の時に食べたい！」「えー」

小学生のサブちゃんは言い出したら後にひかない。たしかにこのクリをこの山で食べたら…家で食べるよりおいしいに決まっている。それに彼は貴重な若手会員だ、何とか望みをかなえて「やっぱり山は楽しい！」と思ってもらわなければ…。拾ったクリをポケットに入れて私たちはやっと腰を上げた。

頂上に着くとさっそくお湯を沸かすことにした。しかし、私のリュックサックの中に入っているのはなんと「南アルプスの天然水」、初めて山に持ってきた「おいしい水」なのだ。あーあ、もったいない…と思いながらヤカンに水をドボドボと入れる、こんなことなら駅の水道で水をくんでくればよかった。しかし、純粋な子供の気持ちに応えねばならぬ、ドボドボ。

ほどなくお湯が沸き、小さなクリはあっという間にゆで上がった。「サブちゃん、ほらクリだヨ、クリ！」「え…ボクいらない。」「えー？　どうしてさあ」「う、うーん」。誰かが声を上げた。「あー、サブちゃんのお弁当クリ御飯だ！」

ちらりと見えたお弁当箱の中には、拾ったクリの三倍はあるような大きなクリがズラリと並んでいた。ヤカンのお湯からはクリをゆでるにおいが漂っている。

うーん…、秋だなア。

▼高川山（九七六メートル）

アクセスの良さと三六〇度の展望で人気の山。コースタイムも山頂まで一時間四〇分と手ごろなので、せまい山頂にはいつも大勢の登山客がお弁当を広げています。帰りは田野倉方面に下ると、「禾生《かせい》」への分岐を過ぎてすぐに急斜面に出るので、足の弱い人、小さな子は注意。山を降りて中央自動車道をくぐると尾県郷土資料館（無料）があるので子どもといっしょにのぞいてみましょう。明治時代の学校の教室を再現したものや教科書などが展示されています。

◪コース　ＪＲ中央本線初狩駅↓シイタケ栽培場↓高川山↓馬頭観音↓田野倉登

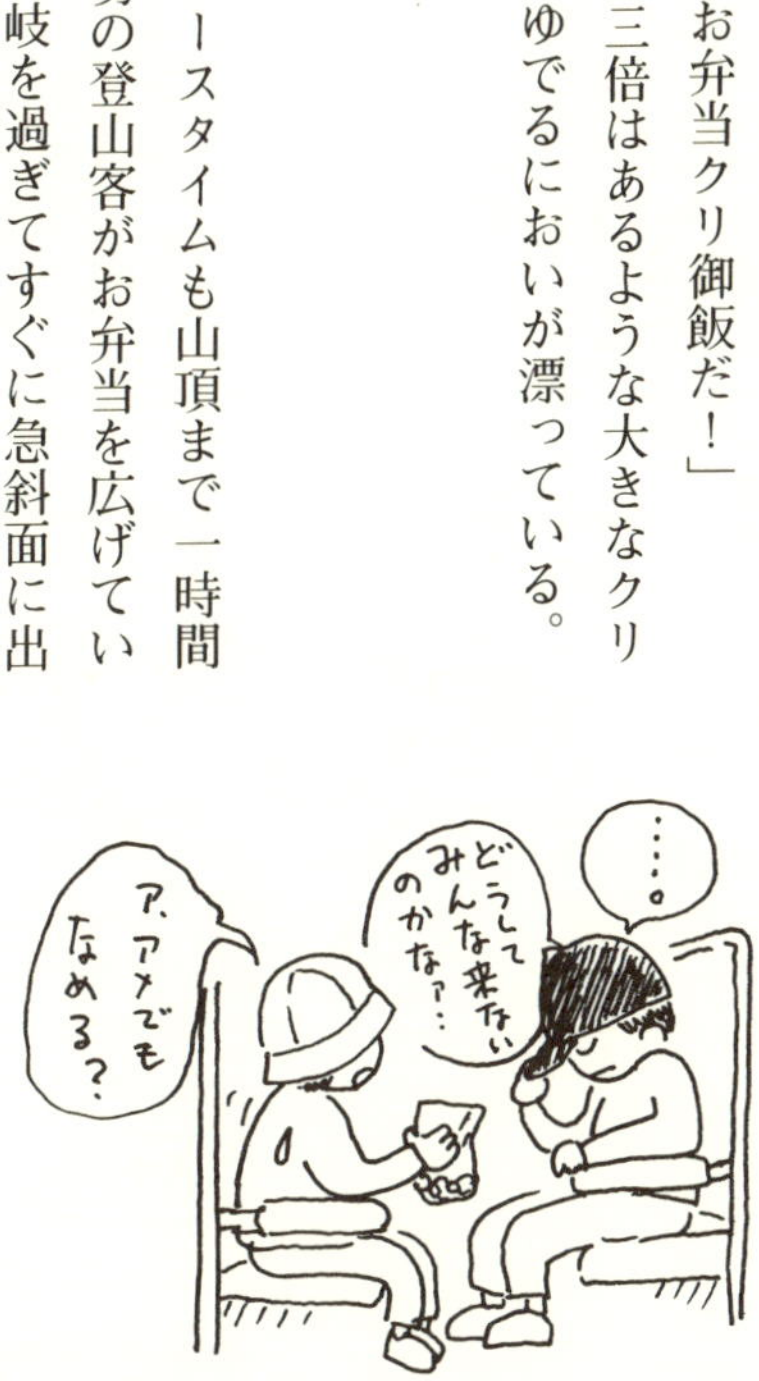

山口→富士急行線田野倉駅＝JR中央本線大月駅

◪一般コースタイム　三時間三〇分

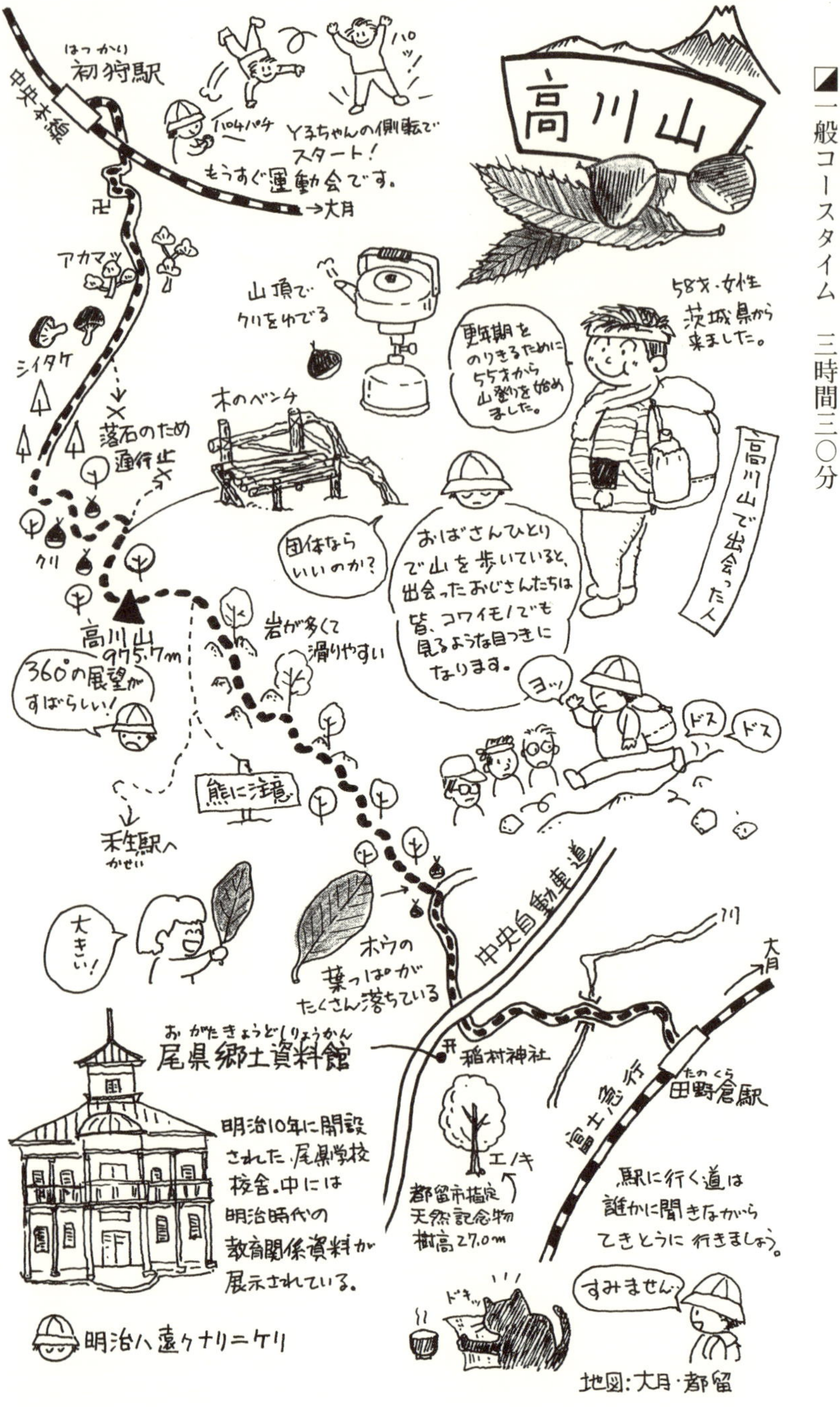

高川山
初狩駅《はつかり》
中央本線
→大月
パッ!
パチパチ
Yさんちゃんの側転でスタート!
もうすぐ運動会です。
アカマツ
シイタケ
山頂でクリをゆでる
58才・女性
茨城県から来ました。
更年期をのりきるために55才から山登りを始めました。
木のベンチ
落石のため通行止
クリ
団体ならいいのか?
おばさんひとりで山を歩いていると、出会ったおじさんたちは皆、コワイモノでも見るような目つきになります。
高川山で出会った人
高川山
975.7m
360°の展望がすばらしい!
岩が多くて滑りやすい
ヨッ
ドス
ドス
熊に注意
禾生駅へ
かせい
大きい!
ホウの葉っぱがたくさん落ちている
中央自動車道
川
大月
尾県郷土資料館《おがたきょうどしりょうかん》
稲村神社
富士急行
田野倉駅《たのくら》
明治10年に開設された尾県学校校舎。中には明治時代の教育関係資料が展示されている。
エノキ
都留市指定天然記念物
樹高27.0m
駅に行く道は誰かに聞きながらてきとうに行きましょう。
すみません
ドキッ
明治ハ遠クナリニケリ
地図:大月・都留

幻の巨大どんぐりを探しに行く

（秘密を守るため山の名前はイニシャルで…さて、どこでしょう）

去る九月二十三日、今年もまた「巨大どんぐり捜索隊」が武蔵野市を出発した。隊員は総勢四名、当初参加する予定だったOさんは生協の荷受け当番のため、泣く泣く欠席。最年少隊員のY子ちゃん（小三）はたまった宿題をほうり出しての決死の参加であった。

「中型で並みの強さの台風」18号の影響で東京地方は荒れ模様、小雨の降る中を電車に乗り込んだがさすがに登山客は少ない。たった一組見かけた夫婦連れは、ご主人は競馬新聞を読みふけり、奥さんは「上高地」と大きく印刷されたパンフレットを手につまらなそうな顔をして座っていた。二人とも首にタオルを巻いているのが印象的、この夫婦はいったい、いつもどんな日曜日を過ごしているのだろうか。

墓地の多いT駅の前はお彼岸のお参りにやってきた客でごった返しているが、乗ったバスには捜索隊の他に登山客が一名のみ。いったい彼は彼岸の墓参りもせずにどこへ行くというのだろう…ま、まさか、あの巨大どんぐりを拾いに行くのでは…。

そもそも「K山の巨大どんぐり」は今を去ること六年前、現隊長（つまり私め）

が頂上直下の山道で一個の巨大などんぐりを拾ったのが始まりだった。それ以来、何年にも渡り、捜索隊を編成してはＫ山に遠征しているが、いずれの年も不成功に終わっている。かろうじて五、六個のどんぐりを手に入れたこともあるが、巨大なカクト（どんぐりが入っているおわんのようなモノ）が一面に落ちているのになぜか実が一つも無く、胸をかきむしられるような悔しい思いをしたこともある。あー、一度でいいから、巨大どんぐりが地面を埋め尽くすさまをこの目で見てみたい…。

　しかし、私とてだてに隊長を務めているわけではなかった。成功のポイントは、どんぐりが落ちると同時に拾いに来ること、そのタイミングがすべてであると確信、過去何年かの経験により一九九九年の落下予定日を九月二十三日と設定してやって来たのだった。

「ねえ、その特大どんぐりってさあ」「特大じゃなくて巨大だよぉ…アンパンみたいな言い方しないでよ」「ほんとに落ちているかしら?」「わからないょォ」「主人がね、まさか木になっているのをたたき落としたりしないだろうねって」「まさかー。そんなひどいこと……（やるかもしれない）。でもあれだよね、また今年もカクトだけが一面に落ちていたら悔しいだろうねぇ」「そうかなァ、私はね、見上げた枝先にどんぐりがいっぱいなっているのに手が届かないっていうほうが悔しいと思うなぁー」「えー?!　それは悔しい!!　キーッ」。まだ目的地にも着いていないのに想像しただけで興奮してしまう捜索隊長であった。

　足元にはきのうの風で落ちたらしい、まだ青いどんぐりがいくつもころがって

いた。山道の両わきではススキの穂がオイデオイデと揺れている。「ホラ、Yちゃんオハギだよ」。Mさんが娘のY子ちゃんに花を見せているがいくらお彼岸とはいえ、それはハギの花でオハギではない。

歩き始めて一時間と少し、目的地の頂上に着いた。一歩、足を踏み出したところで早くも巨大カクト発見！「ま、まずはリュックサックを置いてから」と言いながらも目はせわしなくあちこちを探し回り、リュックサックを置くのももどかしく一行はさっそく捜索に入った。

いつの間にか頂上には青空が広がっていたが、一行はそれどころではない。葉っぱの下からベンチの下、屋根のすき間に薪の下、かがみ込んであちこち探す姿に驚いて、茶屋のおじさんが声をかけてきた。「何探しているの？」「でっかいどんぐり」「な、何するの？」「拾うだけ」「……?!」

おじさんはそれ以上何も聞いてこなかったが、一行のただならぬ様子を見てなぜか一緒になって探しはじめた。

「でかいヤツなら、おとといはこの辺一面に落ちていたんだがなァー」「えー？」「おらァ、じゃまになるんでけとばして歩いていたんだ」「えー?!　ほんとう?!」「青くてな、そりゃあきれいだと思ったな、オラも」「見たかったなァー！」「青くて…そりゃきれいだった…あれは」「キーッ!!」

もう、倒れる寸前。おじさんは私たちがあまり悔しがるので、だんだんおもしろくなってきたようだった。しかし、肝心のどんぐりは落ちていない。

そのうち、ポツリポツリと登山客が登ってきた。なじみらしい客が、先週この

あたりでサルの大群に出会ったと言う。そういえば落ちているのは食べかけのどんぐりばかり。茶店のおじさんも「あー、よくサルが出るよ、今朝もこの下で一五、六匹の群れに会った。子ザルもいて可愛いかったなァ、あんたたちももうちょっと早く来れば見られたのに」と言う。

私が会いたいのはサルではなくて「巨大どんぐり」なのだ、それにどんぐりを食べにきたサルの群れとはち合せになったりしたら…どう考えたって私たちは食べ物を横取りしに来たドロボー同然。「サルが相手じゃねえ…」

捜索をあきらめた一行は茶店の前で弁当を広げた。そしてきのこ汁をすすりながら何度もミズナラの大木を見上げ、ときおり「あ、あそこに一つ」などと言っては枝先で揺れるどんぐりをいつまでも眺めていた。

来年の秋まで、あと三六五日。

●おすすめの一冊（絵本）

『どんぐりノート』いわさきゆうこ・大滝玲子共著／文化出版局

『まるごとどんぐり』大滝玲子・どんぐりクラブ／草土文化

山で拾ったポケットいっぱいのどんぐり。子供といっしょに本を見ながら作ったり、遊んだり。どんぐりの世界を広げましょう。

＊高尾山で目につく＊

どんぐりのなかま

私たちが「どんぐり」と呼んでいるのは、コナラのなかまの木の実のことです。高尾山では下図のようなどんぐりが目につきますがどんぐりにはこのほかにもいろいろな種類があります。家のまわりや公園にはどんな形のどんぐりが落ちているでしょうか。子どもといっしょに探しに行ってみましょう。

コナラ
クヌギ
カシワ
アカガシ
ウラジロガシ
アラカシ
シラカシ
ツクバネガシ
は常緑樹のどんぐり、ほかは落葉樹です。

＊どんぐりをひろいながら歩こう＊

高尾山（1号路）

ケーブルカーに乗らずに1号路を歩いて登りましょう。頂上を一周する5号路コースにもクヌギやコナラのどんぐりがたくさん落ちています。帰りは4号路を下ってケーブルカーの駅へ。

◪コースタイム

1号路→頂上（1時間40分）

5号路一周（30分）

4号路下り（40分）

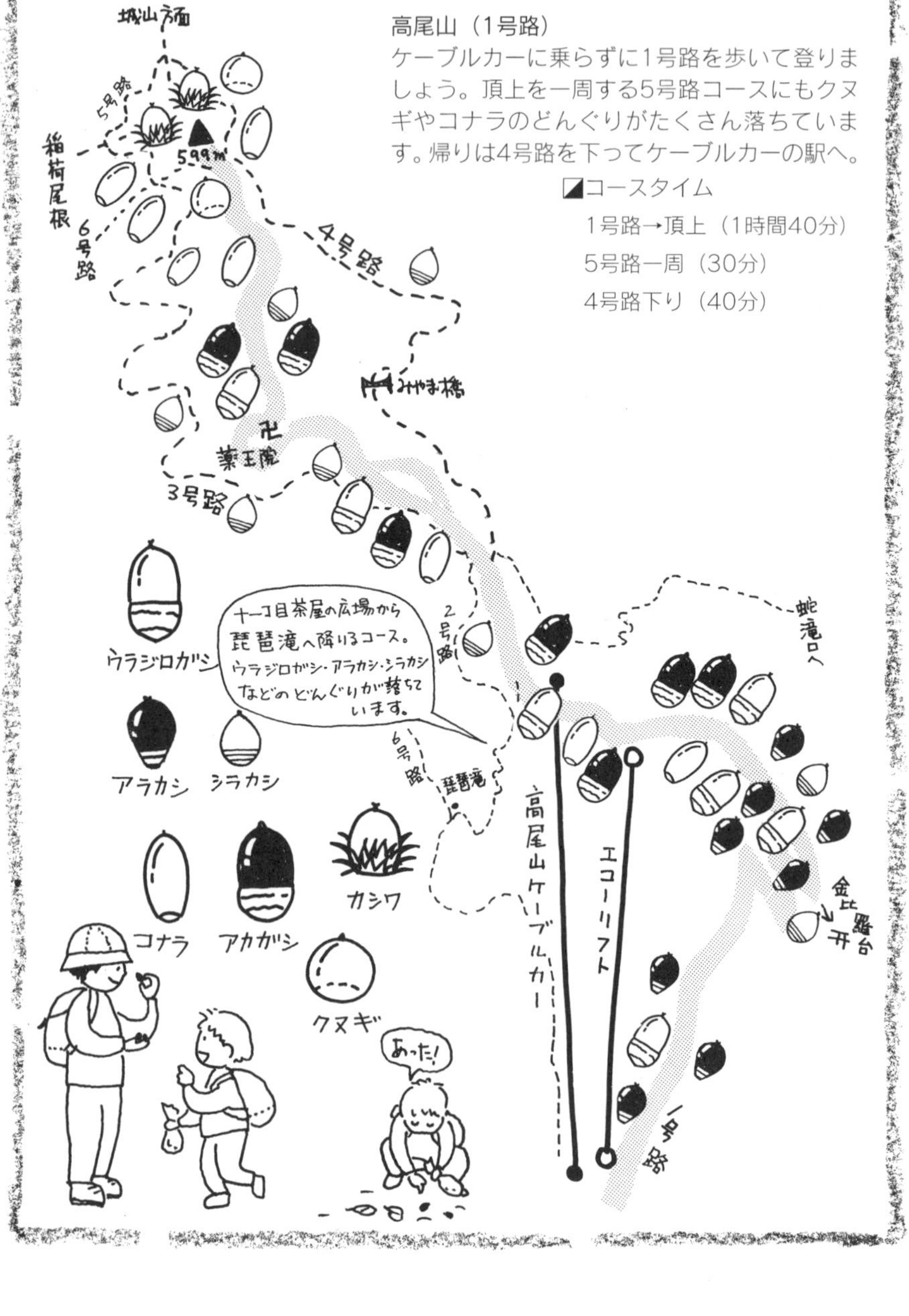
城山方面
5号路
稲荷尾根
599m
6号路
4号路
みやま橋
薬王院
3号路
2号路
蛇滝口へ
十一丁目茶屋の広場から琵琶滝へ降りるコース。ウラジロガシ・アラカシ・シラカシなどのどんぐりが落ちています。
ウラジロガシ
アラカシ
シラカシ
6号路
琵琶滝
高尾山ケーブルカー
エコーリフト
金比羅台
カシワ
コナラ
アカガシ
クヌギ
あった！
1号路

きのこ狩りに行く（相模湖ピクニックランド）

一度行ってみたいと思っていた「きのこ狩り」に初めて行くことになった。ただし、きのこは何といっても食中毒が怖いので「T・きのこ同好会」の企画に飛び入り参加させてもらい、身の安全を確保することにした。

折しもその前日、ある温泉旅館でロビーに置いてあったきのこを食べて客が死んでしまったというニュースが大々的に報道されたばかり。大丈夫とは思うものの、何かの手違いで…と不安はぬぐえない。子連れでの参加予定だったOさんが小学生のY君を家に残してきたのは、「せめてこの子だけでも助けたい…」と思ったからに違いない、ヒソヒソ…。

一〇月の連休初日、軍手と袋を手に持って山の会の親子（今回はほとんどが大人）一四人が相模湖ピクニックランドにやって来た。すでに集合している同好会員は約四〇名、ほとんどが五〇～六〇代で落ち着いた雰囲気。今から毒きのこを食べて死ぬかもしれないという、せっぱつまった顔をしている人は一人もいない。「毒きのこの見分け方」という新聞の切り抜きをにぎりしめた私たちだけが、不安そうにあたりを見回していた。

同好会の会長さんの挨拶のあと、いよいよきのこを採りに山に入っていくこと

になったが、私たちは菌類研究所という所に勤めているというH先生に案内してもらうことになった。先生は腰にサバイバルナイフを下げ、ポケットのいっぱいついたチョッキを着て、やたら重そうなリュックサックをしょっていた。とてもきのこ狩りに行く服装とは思えない。

「皆さんは初めてということなので、行けば必ずきのこがあるという場所に行きましょう」

「何？　何て言ったの？」

「必ずきのこが採れる場所に連れていってくれるってさ」

「えー?!　うれしい!!」

すでにスーパーの袋一杯のきのこが保証されたような気がしてウキウキと足を進める。今年は暑さが続いた上に雨が少ないので、例年よりきのこが少ないだろうということだった。山に入って行ったが、話の通りきのこはあまり見つからず、私たちが喜んで採ってくるきのこは、どれも毒きのこということだった。

そのうち道はだんだん狭くなり、急な登りになってきた。先頭を行く先生は歩くのが速くてついて行くのがやっと。皆、口数も少なくなり、とてもきのこなどを探す余裕はない。

「おかしいなあ、いつもならこのあたりにたくさん生えているんだが…」

先生はブツブツ言いながら更に登っていく、いつの間にか道はヤブの中になり前を見ると、先生が腰に下げていたナイフで道を切り開きながら歩いている。後をついていっても、ツタが足にからむやら小枝が顔にはねるやら…。「な、なに

よコレ」「これってさあ…、なんかつらすぎない？」。道は更に続いている。

「ハァ、ハァ…ひょっとして、この試練についてこられる者だけがきのこ狩りをする資格が有るってことかなァ…ハァ、ハァ」

「もお、いいよぉー…ゼェー、ゼェー、きのこ狩りしたいなんて言わないよぉー、戻ってきのこ汁食べて帰ろうよぉ…ハァ、ハァ」

「私たち、この景色を見られただけでもう充分ですから、って先生に言いましょうよ、フゥ〜」

いつの間にか私たちは小さな展望台に立っていた。足元にはコスモスの花が咲き、石老《せきろう》山方面の見晴しがいい。しかし、先生は足を止める気配もなく、どんどん先に歩いていく。昼までには集合場所に戻らなくてはならないのに、いったいどこまで行くつもりなんだろう？

「おかしいなァ、慰霊塔があるはずなんだが…」「何？　何て言ってるの？」「慰霊塔だってさ」「何、慰霊塔って…、まさかきのこ狩りに来た人の慰霊塔じゃないでしょうね？」「昔、相模湖で学生が大勢乗った船が沈みましてね、その慰霊塔です。そこまで行けば必ずきのこがありますから」「きのこがあるんだってさ」「もういいよォ、帰りたいよォ…」

先生の声は確信に満ちていて、まるで、「そこまで行けば人家がある、助かるぞ!!」と言っている探検隊の隊長の声のように聞こえたが、隊員はもう命など、どうでもよくなっているらしかった。先生は再び慰霊塔目ざして歩きだした。

「どうなるんでしょうねぇ、私たち」「さあ…」トボトボ――。泣きたいような

気持ちで先生についていくと、今度は遊園地のゴーカートのコースに突き当たった。立入り禁止。「やった！　立ち入り禁止よ！」「これで帰れるわ…」

先生はそれでもあきらめきれずに入り口を探していたが、幸運にも時間切れのため集合場所に戻ることになった。「慰霊塔の所に行きさえすれば…」。先生はいつまでも立て札の向こうを見ていたが、親の心子知らず、すでに先生の後ろには誰もいなかった。

やっとのことで集合場所に戻ると、採ってきたきのこをのせるように言われたテーブルの上はすでにきのこの山、いったいどこにこんなにはえていたんだろう？　採ってきたきのこをテーブルにのせ、きのこ汁をごちそうになるといよいよ鑑定会が始まった。

きのこは種類別に分けられ、名前のカードがつけられていた。カードには食・毒・不明と印刷されていて、○で囲むようになっているが、中には「一部食用」とか「場合によっては毒」とか書き込まれているものもあって恐ろしい。一目見ただけではどれが何やら見分けもつかず、「これは○○タケで食べられます」と言われても、別の会員が「いや、このスジの入り方からすると毒きのこの○○○タケの可能性もある」などと言い出したりして、食べていいやら悪いやら。「そんなややこしいもの食べなきゃいいのに…」と思うのは私だけだろうか。ふと振り返ると我が山の会のメンバーは午前中の疲れが出たのか一列に座ったまま、全員首を前に垂れて眠っていた。

鑑定会が終わった会場では、同好会の人たちがまだ残って熱心に話し合っていた。「問題はタマゴタケがなくなったことだよ」。どうやらテーブルの上にあったタマゴタケ（毒キノコのベニテングダケに似ているがとてもおいしいらしい）がなくなったらしい。いったいタマゴタケはどこにいったのだろうと思いつつ、私たちは渡し船に乗って駅に向かった。

「きのこ、採れなかったね」「うん」。私たちの採ったきのこはほとんどが毒きのこでお土産にはならなかったが、お昼にきのこ汁をおかわりして食べ、昼寝までしたせいか皆、それほど残念そうでもなかった。

のどかな秋の一日、その名も相模湖ピクニックランドの「きのこ狩り」の巻。

▼相模湖ピクニックランド

◪コース　JR中央線相模湖駅＝三ヶ木行神奈川中央交通バス7分＝⊜ピクニックランド前

※相模湖ピクニックランドは入園料が必要です。

●おすすめの一冊（写真絵本）

『ほら、きのこが…』月刊たくさんのふしぎ通巻一二七号　越智典子／文・伊沢正名／写真・福音館書店

写真がきれいで思わず「へえーっ」と見とれてしまいます。きのこって不思議、きのこっておもしろい！

帰りにスーパーに寄って、手あたりしだいにきのこを買ってうどんに入れました。
しめじ・しいたけ・まいたけ・ひらたけ・エリンギ本しめじなど
お〜

水晶を拾いに行く（水晶山）

水晶を拾いに山に行ってきた。名付けて「お宝探しハイキング」。

父の入院中、病院の売店で手にしたガイドブックに「水晶拾いと尾根伝いのハイキング」の見出しで載っていたのだった。毎日かいがいしく看病していた娘の頭のなかが、実は宝探しでいっぱいだったとは、退院した父が知ったら、さぞや驚くにちがいない。

ガイドブックには、その山に行けば山道に水晶がゴロゴロと落ちているようなことが書いてある。そんなことってあるのだろうか?!　もしほんとうなら、すでにこの本を読んだ人が詰めかけているにちがいない…。

おおっ!!　こうしてはいられない。一刻も早く出かけなければ!!　夢とロマンと水晶を探しに。

下車駅の山梨県の塩山は、東京・三鷹駅から約二時間、草原と展望のすばらしい大《だい》菩《ぼ》薩《さつ》峠への登山口でもある。すでに一二月のせいか駅前には登山客の姿もなく、バス乗り場には一攫千金を夢見るおばさんと子どもの私たち一四人が、不安気に立っているだけだった。

目的地まではバスで一五分、そこからブドウ畑の間を歩いて山に向かう。「ね

え、ほんとにあるのかしら？」「そーよねぇー、話がうますぎるわよねぇー」

実は私もそんな気がしていた。しかし、こんな遠くまで来てしまった。交通費だって大人一人三〇〇〇円もかかっている。なんとかして水晶を探し出さなくては、誘った私の立場がない。

正面に見える富士山に思わず手を合せようとしたその時、「あっ、水晶」。六年生のT君が声を上げた。見ると確かに水晶らしきものを手に持っている。「…ほんとうだったんだ!!」。みんな、人が変わったように鋭い目つきになり一斉に探し始めた。ところが道は雑木林に入り、地面を埋め尽くす落葉で水晶どころか道も見えない。こうなったら途中はあきらめ、本の地図にある「水晶場」まで行き、そこで探すしかない。私たちは宝物に向かって力強く進んでいった。

どうやらここが「水晶場」らしいという所で、いよいよ水晶探しが始った。背中の荷物からハンマーを出す。「えー、そんな物持ってきたの？」「うん、懐中電灯もあるよ」「ふーん」。感心されたのか、あきれられたのかわからないが、とにかくみんな斜面に散って水晶を探し始めた。

あたり一面に、氷砂糖のような水晶はたくさん落ちているものの、きれいな結晶の形をしたものはなかなか見つからない。男の子たちは半透明の大きな石をどんどん袋に詰め込んでいる。

「ねぇー、もっと小さくてきれいなのを探せば？」「いいんだ、これで」とT君。それはシメジでいうと切って捨てる根っこの部分のような物だった。「ねぇ、これ、いくらぐらいで売れるのかなあー」。さらに巨大で重そうな根っこをかかえ

現場インタビュー

地図：塩山

参考：「わくわく石の実験室」大月書店
地学団体研究会編

たY君が、うれしそうに聞いてくる。「水晶＝宝物＝お金持ち＝ウハウハ」という図式だ。

だいぶ袋が重くなったので、引きあげることになった。頂上へは急な斜面をよじ登らなくてはならない。あまりのつらさに泣く泣く石を捨てる人、その場でそれを拾う人、石をかかえたまま力尽きて斜面を落ちていく人（さすがにそんな人はいないが）、まさに「お宝探しハイキング」の名にふさわしいドラマチックな一日だった。

▼水晶山

登山以外に目的のある山、それも「宝探し」。はるか塩山までやって来て、大菩薩峠や西沢渓谷には目もくれずにひたすら宝物に向かって突き進む、子連れならではの山歩きです。水晶を探す場所の立て札などはありません。コースの中にはヤブが多くて道が不明瞭な部分もあるので気をつけて。

◪コース　JR中央本線塩山駅＝玉宮行山梨貸切自動車バス一〇分＝Ⓑ玉宮小学校↓水晶場↓水晶山稜線↓小倉山↓上条峠↓Ⓑ玉宮＝バス一五分＝JR塩山駅

◪一般コースタイム　約二時間

※参考図書『子どもといっしょに遊べる山』二木久夫・けやき出版

●おすすめの一冊（絵本）

『水晶さがしにいこう』関谷敏隆・童心社

＊山でみつけた＊
春
夏
秋
冬
葉っぱの
まんなかに
花が咲いている
ハナイカダ
当然実も
こうなる
お、なんだこりゃ、
オトシブミの
成虫
たまごから4週間めに
穴をあけて
出てくる
オトシブミの
ゆりかご
地面に
落ちている
マムシグサ
(実)
マタタビ
マタタビの小枝を
もって帰ったら
ネコがリュックに
すり寄ってきました
ウスタビガのまゆ
アカネズミが
かじった
クルミ
リスが割って
食べたクルミ
カンショウの桝
葉っぱの
落ちたあとが
顔のように
見える
冬芽
フユイチゴ
食べて
みよう!
カツラの葉
リスが食べた
マツボックリ
木のそばを歩くと、こうばしいにおいが…

冬

山で豚汁を食べる

豚汁はおいしい。冬枯れの山頂であったかいおわんを持って食べるとなお、おいしい。

私たちの山の会が昼食に豚汁を作るようになってから何年もたつが、最初の頃は家庭用の卓上コンロをリュックサックに入れて持ち歩いていた。豚汁も家で作ったものをポットに入れて持っていき鍋にあけて温めた。おいしいけれども荷物になる。

そこで次の方法（改良型）にした。まず、野菜と肉を煮る↓ザルにあげて水気をきる↓ビニールの袋に小分けして詰める↓汁は煮詰めて濃縮し、ポットで持っていく↓皆が持ってきたお湯と、みそ・ネギを加え、火にかける（コンロは登山用の小さいものを使う）。お湯とみそさえあればどんどん増やすことができるので便利！　私たちはいつも五〇杯ぐらいを二度に分けて作っている。

ただ一つだけ欠点がある。それは「鍋がないと作れない」ということだ。実は私たちは鍋を忘れて行ったことがある…。人数のはっきりしないグループにも向いていない。何年か前、三〇人分の豚汁を八人で食べたことがある。とはいうものの、この改良（？）豚汁は大人にも子どもにも評判は上々、冬の山になくては

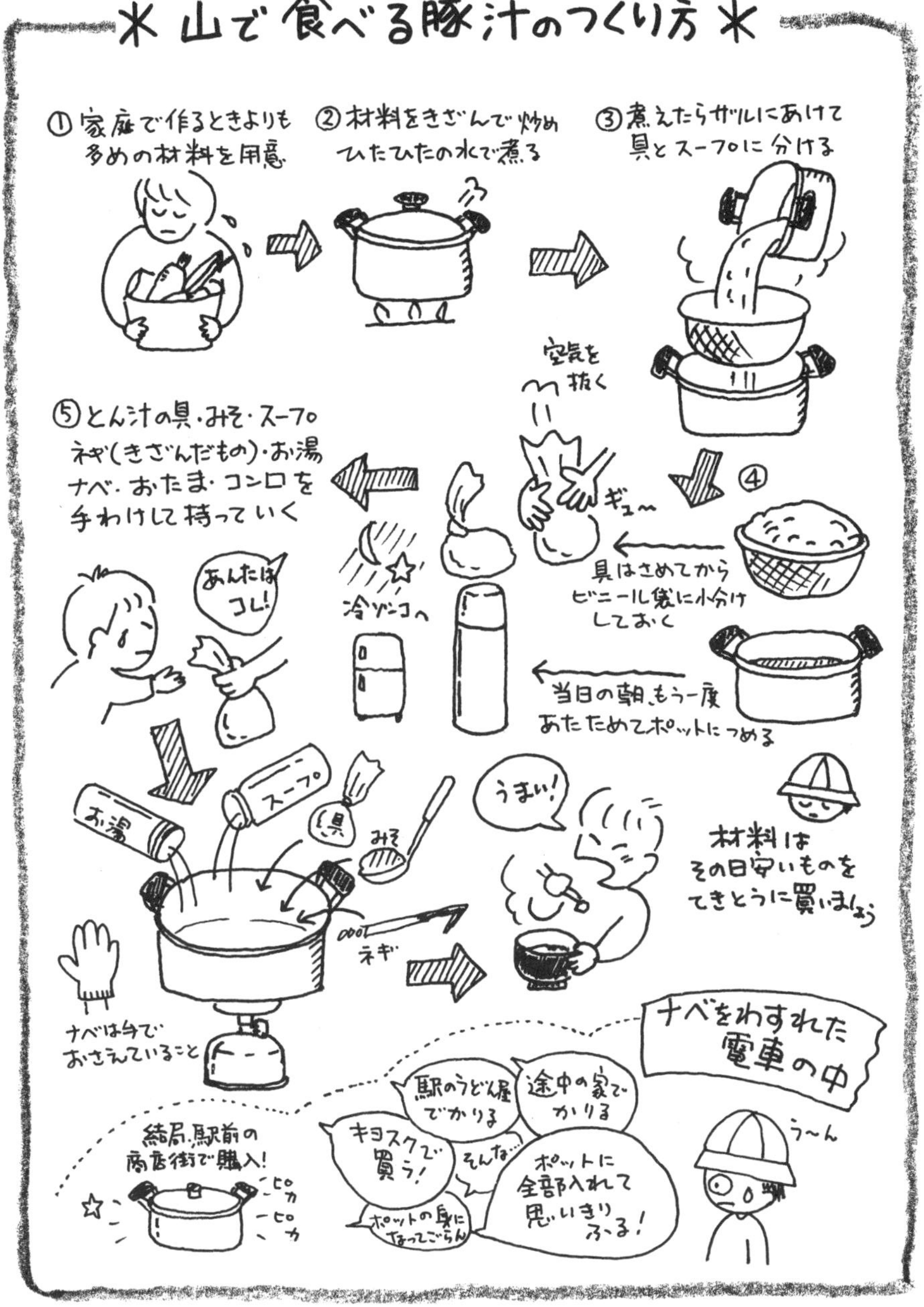
＊山で食べる豚汁のつくり方＊
①家庭で作るときよりも多めの材料を用意
②材料をきざんで炒めひたひたの水で煮る
③煮えたらザルにあけて具とスープに分ける
④
空気を抜く
ギュ〜
具はさめてからビニール袋に小分けしておく
冷ゾーコへ
当日の朝、もう一度あたためてポットにつめる
⑤とん汁の具・みそ・スープ・ネギ（きざんだもの）・お湯・ナベ・おたま・コンロを手わけして持っていく
あんたはコレ！
お湯
スープ
具
みそ
ネギ
うまい！
材料はその日安いものをてきとうに買いましょう
ナベは手でおさえていること
ナベをわすれた電車の中
う〜ん
駅のうどん屋でかりる
途中の家でかりる
キヨスクで買う！
そんな…
ポットに全部入れて思いっきりふる！
ポットの身になってごらん
結局、駅前の商店街で購入！
ピカ
ピカ

ならないものになった。

ある時、参加者が少ないので豚汁も量を減らすことにした。余った豚汁（の素）は、いつも「おいしい、おいしい」と言って食べてくれるR君に持って帰ってもらうことにした。料理をほめられることなどめったにない私は、こういう人は大切にしたい。「あの、これ夕飯にどうぞ」「まあうれしい！　Rちゃんが喜びますわ、ホホッ！」。お母さんにも喜んでもらえたようだ。

それから何日かたって、道でばったりR君のお母さんに会った。「この間はどうも…」。いえいえ、どういたしましてと思いながら、私はニコニコして次の言葉を待った。

「あのー、豚汁ですけどね、息子ったらひと口食べて首をかしげるんです。『あれえ？』って…」「あれえ？」「そして山で食べている豚汁のほうがおいしいって」

意外な答えに、「アハハ、それはインスタントのだしの素を入れ忘れたからです」と言おうとして、はたと気がついた。うーん、そうかあ…、やっぱり隠し味が必要だったのね…。よし、それなら来月はもっともっと歩いて、もっとおいしい豚汁を！

そして次の夏休みには涙が出るほど水がおいしい山、っていうのはどう？

電車に乗りおくれたTさん頂上でやっと追いついた。
あ、やっとミソが来た
とん汁の具早く出して！
駅でみんなに渡すはずだった荷物

山頂で餅をつく（景信山）

冬だ、冬といえば餅つきだ！　という訳で、山の会では毎年一二月に山の上で餅つきをすることになっている。しかし、一時間半たらずで登れる山といえども、そこは冬のこと、頂上で無事餅を食べるまでにはいくつものハードルを越えていかねばならない。それらをすべてクリアーしてこそ、おいしい餅が食べられるのだ。

まず第一に「早起き」。暗いうちに目を覚まし、「さあ、山だ、山に行こう！」などという気になるのは私の知っている人の中にはたぶん一人もいない。計画を立てた私でさえ当日の朝は後悔しているのだから、誘われてつい「参加しま～す」なんて言ってしまった人の心の内など、気の毒で想像すらできない。しかし、豚汁用の鍋など預けられてしまったので出かけないわけにもいかず、シブシブ起き上がってくるのだと思う。

第二に「満員のバス」。冬とはいえ、低山には日だまりを求めてくるハイカーがけっこう多い。毎年すし詰め状態でこれがつらい…。何とか臨時バスを出してもらおうとバス会社に電話をかけ、「あの～、幼児から小学生の小さい子どもが何十人も乗るんですけど…」などと言ってみる。小さい子どもたちにつらい思い

をさせてはいけないと、きっと臨時バスを出してくれるに違いない。すると「あっ、お子さんでしたら体が小さいので、定員の倍はいけますから」。あわてて、「そっ、それがですね、一緒に行くおとなが全員すごく太っているんです…」

結局、満員のバスに揺られて登山口へ。歩きだすとひと汗もふた汗もかき、家を出る時に着ていたダウンやらジャンパーを背中にしょって歩くことになる。中には冬の山ということで下着を重ね着したり、タイツをはいてくる人もいるが、脱ぐに脱げない登り坂では暑さでぐったりしている。しかし、ちょいと休んでいればじっとしていられないほど寒くなるので心配はない。

こうしてやっと頂上の茶店に到着し、餅をついて食べることができるのだけど、後でこの時撮った写真を見ると、これから「こねどり」に使う水（臼の中でもちを返すとき手につける水）で子どもたちが手を洗っているところが何枚も写っていたりするんだなア、これが。

▼景信山《かげのぶ》（七二七メートル）

初めて山に行く、小学校低学年の子ども連れにおすすめの山です。小さな山ながら杉林も雑木林もあり、明るい尾根に出れば相模湖や富士山も見えます。山頂からは陣馬山や大岳山方面の見晴しが良いので、茶店の裏手に行ってみましょう。山頂同じ道を戻るのがもの足りない人は、山頂直下のトイレ横の道を下り、小下沢との分岐を右に折れれば車道になり、一〇分くらい歩くと小仏《こぼとけ》バス停に出ます。

◪コース　ＪＲ中央線高尾駅＝小仏行京王バス二〇分＝小仏→小仏峠→景信山
→小仏峠より往路を戻る
◪コースタイム　二時間四〇分
※景信山で餅つきをしてみたい人は左記へ問い合わせてください。
景信小屋（青木公男）☎０４２６・６１・２０５７
景信茶屋（青木順一）☎０４２６・６１・２０３８

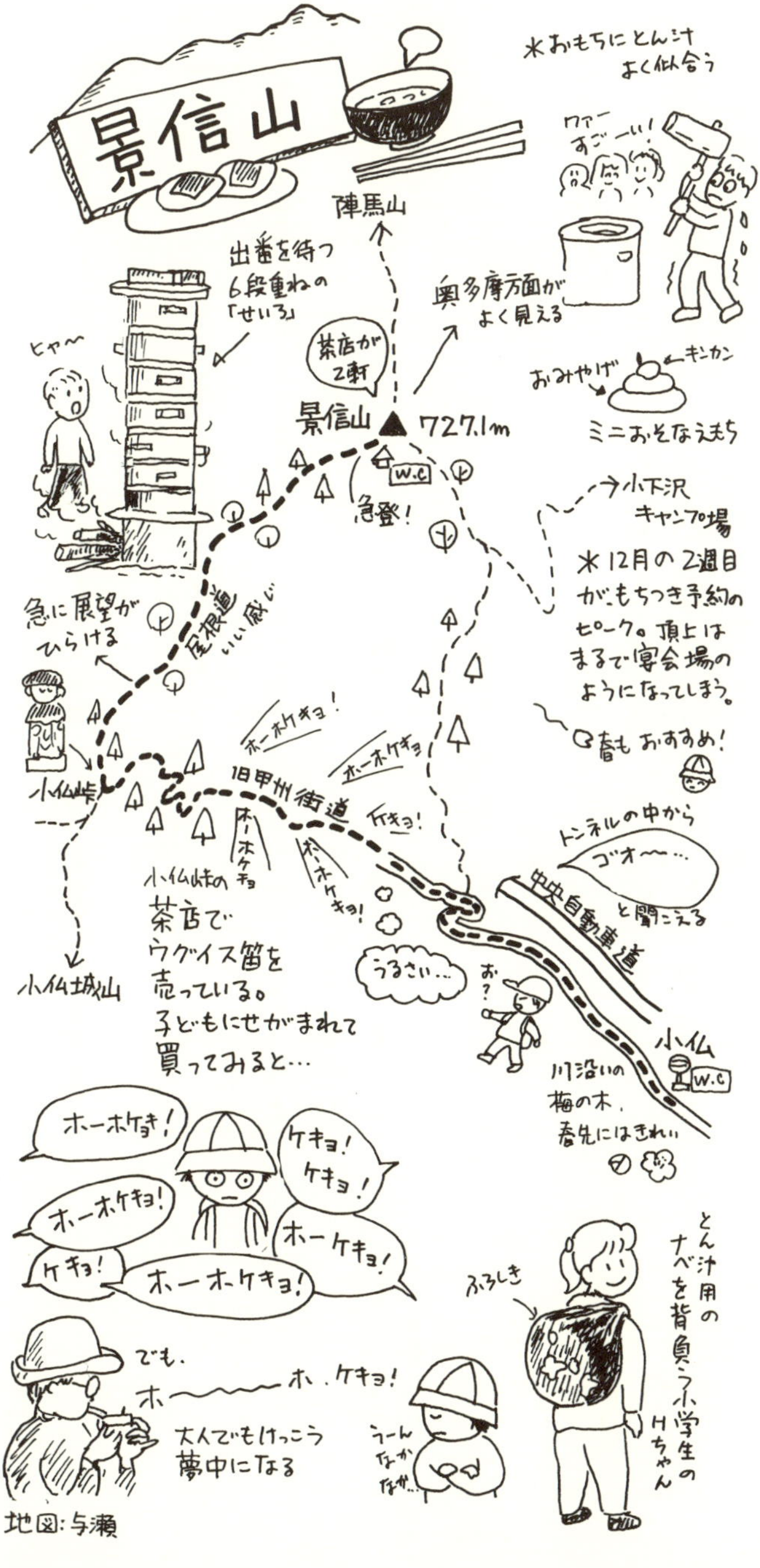

景信山
＊おもちにとん汁
よく似合う
ワァー
すごーい！
陣馬山
出番を待つ
6段重ねの
「せいろ」
ヒャ〜
奥多摩方面が
よく見える
茶店が
2軒
キンカン
おみやげ
ミニおそなえもち
景信山
727.1m
W.C
急登！
小下沢
キャンプ場
＊12月の2週目
がもちつき予約の
ピーク。頂上は
まるで宴会場の
ようになってしまう。
急に展望が
ひらける
尾根道
いい感じ
春も　おすすめ！
ホーホケキョ！
ホーホケキョ
小仏峠
旧甲州街道
ケキョ！
ホーホケキョ
ホーホケキョ！
トンネルの中から
ゴオ〜…
と聞こえる
中央自動車道
小仏峠の
茶店で
ウグイス笛を
売っている。
子どもにせがまれて
買ってみると…
うるさい…
お？
小仏城山
小仏
W.C
川沿いの
梅の木。
春先にはきれい
ホーホケキョ！
ケキョ！
ケキョ！
ホーホケキョ！
ホーケキョ！
ケキョ！
ホーホケキョ！
とん汁用の
ナベを背負う小学生の
Hちゃん
ふろしき
でも、
ホ〜〜〜〜ホ、ケキョ！
大人でもけっこう
夢中になる
うーん
なかなか
なが…
地図：与瀬

ムササビ観察と初詣（高尾山）

ムササビを見に行ってきた。以前「木の音を聞く」では、自然観察には道具だけでなく指導者も必要であるということを痛感したので、今回はK高校で生物を教えているO先生にその指導をお願いすることになった。

東京・高尾山の薬王院境内でムササビの観察をした後、ふもとのユースホステルに一泊、翌日初詣をして帰るという、正月ならではの豪華な企画に、約六〇名の親子が参加を希望して、当日がやってきた。

O先生はアシスタントの高校生数名を連れて登場、外見は普通の高校生だが実はムササビの生態を熟知しているとは、ほんとうに人は見かけでは判断できない。ムササビは日没後三〇分くらい経つと、巣穴から出てエサ場に向かうということなので、境内でグループを二つに分け、別々の巣穴の下で待つことになった。

「では、二つに分かれてください」

しかし、だれも先生の側から離れようとしない。少し山側に寄った巣穴の下では、アシスタントのA君がその場をまかされてポツンと立っている。生態を熟知しているとはいえ、生徒よりは先生のほうがいいに決まっている。しかたなく、私を含む約二〇名がA君のほうに移動した。赤いセロハンをつけたライトを巣穴

に向け、A君は黙って立っている。背後ではO先生があれこれ説明しているらしく、ヘエーとかハァーとかあいづちが聞こえてくる。

巣穴を見上げて三〇分も経っただろうか、そろそろ首筋が痛くなったころ、それまで黙っていたA君がボソリつぶやいた。「きょうはいないかもしれない」。おばさんからおばさんへ情報は風のように伝わり、闇《やみ》にまぎれてO先生のグループに移動していく人が続出した。おばさんは変わり身が早い。しかし、私までこの場を去ってよいものだろうか…。A君の立場はどうなる？　しかも運悪く、後ろを向いた瞬間にムササビが出てくるということもある。

と、そのときO先生からの合図、「こっちに来い」だ。結局、全員でソロリソロリと場所を移動することになった。

ムササビは、すでに巣を出て枝の上にいる。大きさは太った猫ぐらいだろうか――。息をひそめてみんなが注目したその時、満月を背にしたムササビは、白いお腹を見せてスーッと闇に消えた。一瞬の沈黙、ささやき声の歓声。「見た?!」「見たわよね!!」

この夜、私たちは、次々に滑空するムササビを見ることができ、しあわせな気持ちで山を降りた。

翌朝、まだ人もまばらな参道を頂上までひと登り。ところが三〇分後に境内に戻ってみると、そこはあふれるばかりの人の波、ひと足先に境内に降りた子どもたちはいったい?!　必死に人をかき分けて、捜す私の目に入ったのは――初詣とはまるで無縁、地面にしゃがみ込んで無心にムササビのウンコを拾う一団の姿だ

った。

うーん。昨夜の指導は完璧!!

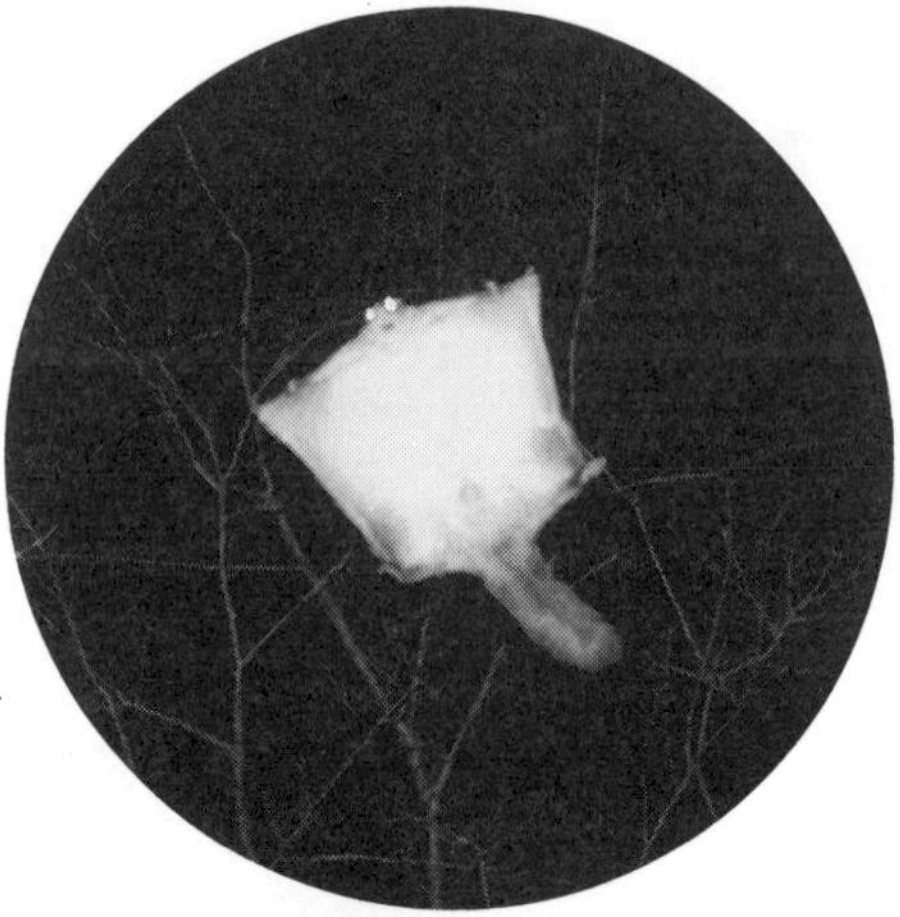

滑空するムササビ

ムササビってこんな顔

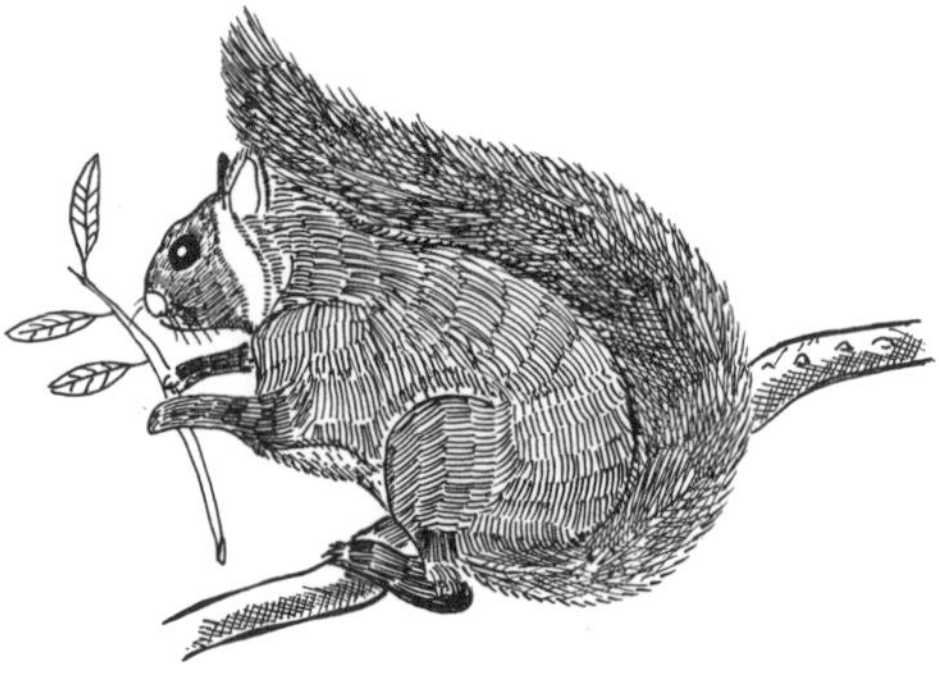

イラスト・写真　岡崎弘幸
P.100～104
P.109～112

ムササビに詳しい人に聞く

Q さっそくですが、ムササビってどんな動物ですか？

A げっ歯目というネズミのグループに属し、その中のリスの仲間です。大きさは頭からおしりまで約四〇センチ、しっぽの長さも四〇～五〇センチほどでネコくらいの大きさです。夜行性の草食動物で、日本の分布は青森から九州(鹿児島)まで。最大の特徴は、飛膜を使って木から木へ滑空することです。

Q どこに行けば見ることができますか？

A 東京の場合普通、西部の山地や低山、丘陵地沿いの森林、社寺林などに生息していますが、見られる確率が高いのは高尾山・薬王院、御岳山・御嶽神社、奥多摩・奥氷川神社などです。

Q 奥氷川神社は街の中ですよね？

A 人家に近い所でも、巣穴となるような大木とエサ場になるまとまった森があれば大丈夫なのです。

日没後約三〇分で巣から出てきて、日の出前三〇分くらいに巣に戻ります。日没時間は季節ごとに少しずつずれますが、体内時計で少しずつ補正しているんですね。高尾山での出巣時刻の平均は日没後約二八分でした。

Q それじゃあ、東京のムササビより、九州のムササビのほうが起きるのが遅いわけですよね。

A　そういうことです。どの季節でもその場所の日没時刻に合せて出てきます。

Q　高尾山ならわりと行きやすいと思うので、これから見に行きたいと思う人に観察のポイントを教えてください。

A　まず、あまり大きな団体で行かないということです。観察会を行なっているのにこんなこと言うのも変ですが、あまり大勢で行くと騒々しくなり、見られないこともあるし、ムササビにも影響が出たり、お寺にも迷惑をかけることがあります。

境内には日没前に着くようにして、巣穴を捜します。団体で行く場合は奥の事務所で許可をとってください。ライトは赤いセロファンをかけたものをリーダーだけが当て、ほかの人はあまり当てないほうがムササビは自然な行動をとります。

Q　巣穴の下にいれば必ず見られますか？

A　巣穴は直径八センチくらいですが、使っている巣と使っていない巣がありま す。入口がツルツルしていたり、杉の木であれば樹皮が爪でケバ立っています。使われていれば下にフンがいっぱい落ちているのでわかります。フンは直径五ミリぐらいで、割ると中にワラのようなものが入っています。フンを覚えてしまえばわかりやすいですね。

Q　冬眠はしないのですか？　何を食べているのですか？

A　冬眠はしません。葉っぱの落ちた冬のほうがかえって見やすいです。

食べ物は植物を中心としており、季節によってかわります。葉っぱ、新芽、

花、果実、種子、冬芽など、その季節にある物を食べます。

Q まっすぐにしか飛べないのですか？

A 膜のへりの筋肉を働かせて思った方向に曲がることができ、一八〇度のUターンもできます。観察者がライトを当てすぎて、ムササビがびっくりしてUターンしてしまったことがありました。

Q ムササビを待っている気持ちっていいですよね。

A そうですね。じっと待って初めて感動を味わえるから、小さな子どもでも長い間待っています。そういうのって普段の生活の中ではあまりないですからね。だんだんドキドキしてくるんですよ、そろそろかな…って。

Q 観察会の時に心がけていることなどありますか？

A まず最初の一匹は必ずみんなが見られるように必死で捜します。見られなかった時でも食痕（食べたあと）を捜したり、グルル…という声を聞いたりして「あ、いるんだな」とわかってもらうようにします。

それと、子どもは体温が下がりやすいので、冬は予備の防寒具やレスキューシート（アルミでできた断熱シート。これを体に巻きつけると、熱を逃がさない）を持っていっています。山ではウィンドブレーカーでは寒くてだめですからね。時々いるんですよね、寒そうにしている子が。

Q それなのに親は子どものことを忘れてムササビに夢中になっていたりして…タハハ。

でも、大人も感激しちゃうんですよねぇ、やっぱり！

ムササビが食べたあと

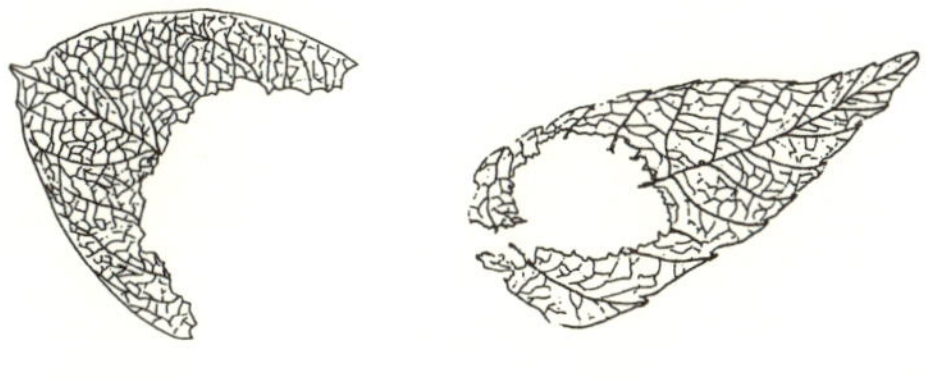

この後もムササビ談義は続きました。ムササビが生きていくには、エサとなるまとまった樹林が必要。しかし大規模な開発で年々森は少なくなり、住む所がなくなったり、離れ孤島のように取り残された森でかろうじて生きのびているムササビも少なくないとか。

山のふもとの神社でムササビのフンを見つけた時など、ムササビがいつまでも安心してここに住めますようにと祈らずにはいられません。

ムササビの観察会は、東京都の公報誌で高尾自然科学博物館や高尾ビジターセンター、御岳ビジターセンターなどが時々募集しています。親子で参加してみてはいかがですか。

（一九九九年一二月二七日）

※ムササビに詳しい人＝岡崎弘幸さん　都立久留米高校教諭。

ムササビの生態研究の傍ら、長年にわたって高尾山薬王院でムササビ観察会の指導にあたり、子どもが野生動物にふれるきっかけを与えてくれています。

●岡崎さんおすすめの一冊

『空中モグラあらわる』今泉吉晴・岩波ジュニア新書

ネズミ・モグラ・ムササビ・リスの行動について面白く、生き生きと解説してあります。

鍾乳洞を見に行く（日の出山・養沢鍾乳洞）

鍾乳洞といえば思い出すのは子どもの頃、教科書に写真が載っていた秋吉台。数々の冒険映画や物語で、鍾乳洞の奥には神秘とロマンの世界が広がっていた。東京にも鍾乳洞がいくつかあると知ったのは大人になってからで、実際に入ってみたのは子どもたちを連れて山歩きをするようになってからだ。

御岳山から日の出山に行き、養沢《ようざわ》に下るコースの最後の頃、「ここでちょっとひと休み」というポイントにそれはあった。「ちょっとここで休んでいこう」と子どもたちに言うと、それまで「まぁだぁ？」を繰り返していた子どもたちは一ぺんに元気になった。

「ねぇ、大滝さん、鍾乳洞だってさ」「ふーん」「鍾乳洞ってナーニ？」「…えーと、えーと、まっ、ほら穴みたいなモノかな」（なさけない説明で恥ずかしい）。「入れるの？」「うーん、どうかなあー」と小屋の中をのぞくと日焼けしたおじいさんが二人座っていた。

「見たいョー」「見たい、見たい！」「ちょっ、ちょっと待ちなさい、これはお金が…」。大人一人三百円と書いてある。だいぶくたびれた山小屋の壁には変色した白黒写真や鍾乳洞の解説や見取り図が貼ってあるが、どれもこれも二〇年以上は前のもののように見える。「鍾乳洞」というものに一度は入ってみたいと思っていた私はここで子どもたちといっしょに見学していくことにした。お母さんたちも、まあ、しかたないかという顔で同意。

「おじさん、見学お願いします」「はいョ」。じいさんはジロリとみんなを見回すと、一つかみのローソクと懐中電灯を何本か出してきて適当に手渡した。気の早い子どもがさっそくスイッチを押してみると、電球の中で小さく巻かれたニクロム線が赤くなっただけだったが、子どもたちは「早く！　早く！」と喜んでいる。じいさんは、「地獄坂だけには入っちゃなんねぇダ」と言うとさっさといなくなってしまった。

地獄坂…。こんなところに地獄があったとは――。

「ちょっ、ちょっ、ちょっと待ちなさい！　いい？　絶対に離れちゃダメョ、二度と生きて地上に出られなくなるんだからね！」。我先にと暗闇に入っていく子どもたちを追いかけながら必死に叫ぶ。入口こそ小さな広場（？）になっているものの、人ひとりしか通れないような奥には狭い穴が続いている。ローソクの炎はすでに消えてしまい、懐中電灯の赤いニクロム線だけが頼りだ。青白い照明に照らしだされた鍾乳洞の世界とはほど遠い。

「ちょっと！　ほんとに待ちなさいってば！　やめて！　後ろからひっぱったらころげ落ちるじゃないの！」「ギャーッ」「キーッ！　うるさーい！」。穴の中で声が反響して耳がガンガンしてきた。これじゃあ神秘もロマンもほど遠い、どちらかといえば肝だめしか大仏さまの胎内めぐり。第一、見学っていったって何

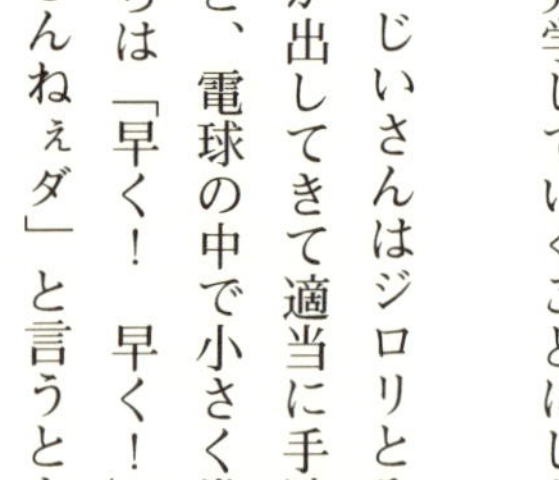

も見えないじゃないか。

そのうち先を行く子どもの声がピタリとしなくなり、妙に静かになってしまった。子どもたちはどうしたんだろう？　まさかあの地獄坂とやらへ…こんな時に天井が崩れでもしたら大変だ。頭の中にはとんでもなく不吉なシーンが次々と浮かぶ。テレビや映画でなまじいろいろ見ているものだからこういう時には困らないのだ、いや困っている。

その時、ジャリッ、ジャリッ、と誰かの足音がして足元がポッと明るくなった。突きあたりだと思った目の前の岩の下に、はって入るような小さな穴があり、明りは向こう側のものだ。かがんでみると目の前に靴が見えている。こんなに心配かけて、もう！「あんたたち！　ほんとにいいかげんにしなさい！　何度言ったらわかるの！」。頭を穴につっこんで怒鳴り、顔を上げながら「返事をしなさい！　返事を!!」

そこには見ず知らずの親子連れが、おびえたような目で私を見おろして立っていた。その後ろから子どもたちが「何やってんの？」。五〇メートルほどの見学通路ですっかり疲れて外に出ると、入口の上の斜面には日の丸がひるがえり、小屋の中ではじいさん二人が相変わらずお茶を飲んでいた。

その後何年かたって再び洞窟を訪れたところ、こんどはじいさんは一人で、おそろいのヘルメットとピカピカの懐中電灯を渡された。アウトドアブームで客が増えたんでしょうね…。

▼日の出山（九〇二メートル）から養沢鍾乳洞へ

御嶽神社から日の出山までは展望もほとんどなく、静かな山道になります。見晴らしの良い山頂でのんびりとお弁当を食べたら、下りは養沢方面に降りていきます。途中、養沢鍾乳洞に寄って見学し、バスの時間に合わせて山を降りましょう。低学年向けのおもしろ登山です。

◪コース　JR青梅線御嶽駅＝ケーブル下（滝本）行西東京バス一〇分＝🚏ケーブル下→滝本駅＝ケーブルカー六分＝御岳山駅→御岳平→日の出山→日の出山分岐→養沢鍾乳洞→🚏上養沢＝西東京バス三四分＝JR五日市線武蔵五日市駅

◪一般コースタイム　二時間二〇分

※養沢鍾乳洞（土・日・祝日のみ公開）

大人三〇〇円　子ども二五〇円

☎０４２５・96・０５８６　岡部邦次

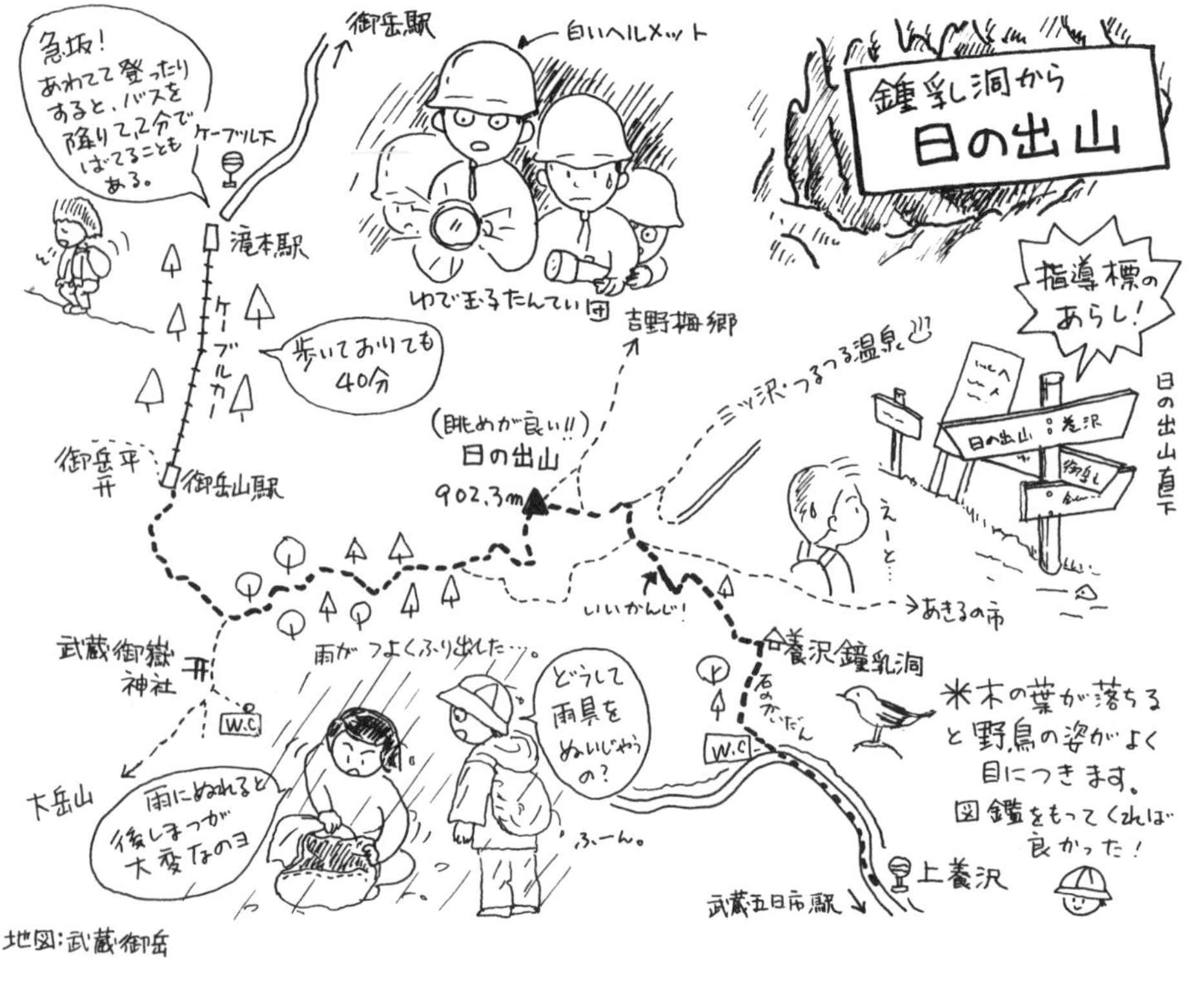

鍾乳洞から
日の出山
御岳駅
白いヘルメット
急坂！あわてて登ったりすると、バスを降りて2分でばてることもある。
ケーブル下
滝本駅
ケーブルカー
歩いておりても40分
ゆで玉子たんてい団
吉野梅郷
指導標のあらし！
三ツ沢・つるつる温泉
日の出山直下
日の出山
養沢
御岳
えーと…
御岳平
御岳山駅
（眺めが良い!!）
日の出山
902.3m
いいかんじ！
あきる野市
武蔵御嶽神社
雨がつよくふり出した…。
養沢鍾乳洞
石のかいだん
どうして雨具をぬいじゃうの？
W.C.
※木の葉が落ちると野鳥の姿がよく目につきます。図鑑をもってくれば良かった！
大岳山
雨にぬれると後しまつが大変なのヨ
ふーん。
上養沢
武蔵五日市駅

地図：武蔵御岳

自然探偵団をやってみよう！

―動物たちの生活の痕《あと》探し―

岡崎弘幸

野生の動物たちは、どのような所に棲んでいるのでしょうか。多くの人は、きっと山奥にしか棲んでいないと思っていると思います。しかし実際には、山奥だけでなく、比較的身近な場所にも棲んでいるのです。「でも、なかなか会ったことがないけど…」と言われそうですが、彼らはひっそりと暮らしているので、なかなか会わないだけで、山麓や丘陵地では、人間の歩く道や、人家周辺にも棲んでいることが多いのです。

それでは、動物たちが棲んでいるという証拠をどうやって見つけたらいいでしょう。

それには、動物たちの生活の痕を探していくのです。少しぬかっている道や雪の上では、足跡がくっきりとつきます。その跡をたどっていくと、時々食べ痕が落ちていることがあります。食べ痕も動物の種類によっては、はっきりと識別することができます。また、石などの上には、動物たちの出したお土産、フンが落ちていることもあります。このように足跡、食べ痕、フンなどを、フィールドサインと言います。たとえ動物に会えなくても、このサインを見つけることで、彼らの生活が少しずつ見えてくるのです。

G
F
D
E
C
A
B
M

図を使って、フィールドサインを見ていくことにしましょう。
二つが前後に並び、二つが横並びの足跡（図中A）、この動物は何だと思いますか？
またAは、どちらの方向に進んでいるのでしょうか？　さらに、途中から一直線の足跡が伸びてきて、交差しています（図中B）。どうやら先ほどの動物とは違う種類のようです。どうやって歩くと一直線になるのでしょうか？　ぜひ四足動物になって、皆さんも歩いてみましょう。

木の方に目を向けると、矢印がたくさんあります（図中C）。この矢印は何でしょうか？　また、木の根元には、直径五ミリくらいの丸いつぶつぶがたくさん落ちています（図中D）。何かのフンのようですが…。まわりから少し高くなっている石の上には、種がたくさん入ったフンが見つかりました（図中E）。さらに歩いていくと、チョコボールがたくさん落ちていて（図中F）、そのまわりには三日月型の左右対称の足跡がありました（図中G）。

【解説】これらの生活痕を、一度にすべて見ることは難しいですが、雪が降った後などは、比較的探しやすい時です。山奥でなくとも、丘陵地や山地の麓でも十分見つけることができますので、探してみましょう。

まずAですが、これはノウサギの足跡です。ノウサギは後ろ足が大きく、前足を前後についてから、はねて後ろ足をつきますので、後ろ足のほうが進行方向の前につく形になります。図をよく見てください。これがわかると、ノウサギがどちらの方向に進んでいるのかがわかるようになります。図ではイの方向が正解で

ウサギの足跡のつき方

す。Bは、キツネです。キツネの足跡はイヌに似ていますが、足跡のつきかたが直線上になります。これはキツネは肩幅が狭く、手足をそろえるようにつくためです。Cの矢印は、ヤマドリのものです。鳥の足跡でも、ヤマドリなどは大きいので、動物と間違えることがあります。

Dはムササビのフンです。ムササビのフンは丸く、五ミリほどで、割ってみるとわら状のものが出てきます。大きな木の根元に見られることがあります。Eは、テンのフンです。テンは石などの目立つものの上でフンをすることが多く、登山道でも比較的簡単に見つけることができます。秋などは草の種がかなり混じっていますので、肉食獣と言われていますが、植物も食べていることがわかります。Fはニホンジカのフンです。

Gもニホンジカの足跡です。ニホンジカなどは二本の指で立っているのです。イノシシの場合は、図のようにかかとがありますので、足跡にもはっきりとかかとが出ます。イノシシはこのように区別できますが、ニホンジカとニホンカモシカはフン、足跡とも似ており、はっきりと区別するには熟練が必要です。

このように動物たちの生活痕（フィールドサイン）がわかるようになると、山歩きが一段と楽しいものになります。頑張って探してみてください。

●岡崎さんおすすめの一冊

『小さな動物学者のための観察ブック』熊谷さとし・ブロンズ新社

とにかくイラストが楽しい！　観察の面白さがよくわかります。

シカの足

イノシシの足

キャベツの海に浮かぶ山（三浦富士）

「山なんかどこにもないじゃん」

隣に座ったTさんがポツリとつぶやいた。行けども行けども電車の窓には住宅地が広がるばかりで、あれは？　と思う小高い山の上にもぎっしりと家が建っている。

きょう、登る予定になっている三浦富士は、名前こそ立派なものの標高は一八三メートル、三浦半島の先端近くにある山、というよりは丘陵のピークだ。しかし、低いながらもいろいろなガイドブックにコースが紹介され、それらを読みくらべた上で絶対の自信を持って選んだ山だった。

「私ね、友達がこっちの方に住んでいるんで電話で聞いてみたんだけれど『そんな山知らない』って」。出がけに聞いた同行のOさんの言葉が耳によみがえる。

「そのなんとか富士って今じゃ団地の中の公園になっちゃっているんじゃないのお？　いやだなー、そんな所で豚汁食べるの」。Tさんの言葉が更に不安をかきたてる。窓からは相変わらず山らしい山が見えないまま電車は津久井浜の駅に着いてしまった。

改札口を出ておそるおそるあたりを見回すと、電車からは気づかなかった丘陵

電車の窓からの景色
頂上が団地になっているわけ？
山なんかないじゃん
なーんかちょっとねえ
そんなはずは…

らしきものが目に入った。「たぶん、あのあたりだと思うよ」「えー？」「ふーん」。拍子抜けしたという反応が返ってきた。

「ねぇー、それよりいちご狩りに行こうよ！　いちご狩り」駅でもらったパンフレットに子どもたちが目を輝かせている。「それもいいわねぇ」とおばさんたちもすっかりその気だ。どうやらこのシーズン、ここは「いちご狩り」に行くための駅になっているらしい。このままでは「いちご狩り、一〇〇円割引きコース」に向かってまっしぐらだ。三浦富士危うし…。

　なんとか子どもたちをなだめて予定通り、山に向かって歩き出した。まわりはキャベツ畑、小さな苗からすでに狩りとられたあとのキャベツまで、キャベツの一生がいたるところで繰り広げられている。足元には早くもイヌフグリの花が咲き、山すそには、枝にたくさんなった黄色いミカンが青い空に映えている。いかにも南の山といったのどかな道を歩き、常緑樹の中をひと汗かくとあっけなく頂上に着いてしまった。

　狭い頂上には浅間神社がまつられている。一時はいちごの誘惑に登頂が危ぶまれたものの、登ってみれば木の間ごしに東京湾、房総半島、相模湾が見わたせて思わず歓声が上がる。ホッ…よかった。やはり山は登ってみなければわからない。ほど良い汗と思いがけない展望、なるほど、冬のハイキングにおすすめのコースと納得。

　さて、どんないい山でも登ってしまえばあとは降りるだけ。砲台山を通って最後のピークの武山にも世間話をしているうちに着いてしまった。ここの展望台は

あー、とん汁が～～!!
メッ！
ハフハフ！
豚汁は犬にも大人気！

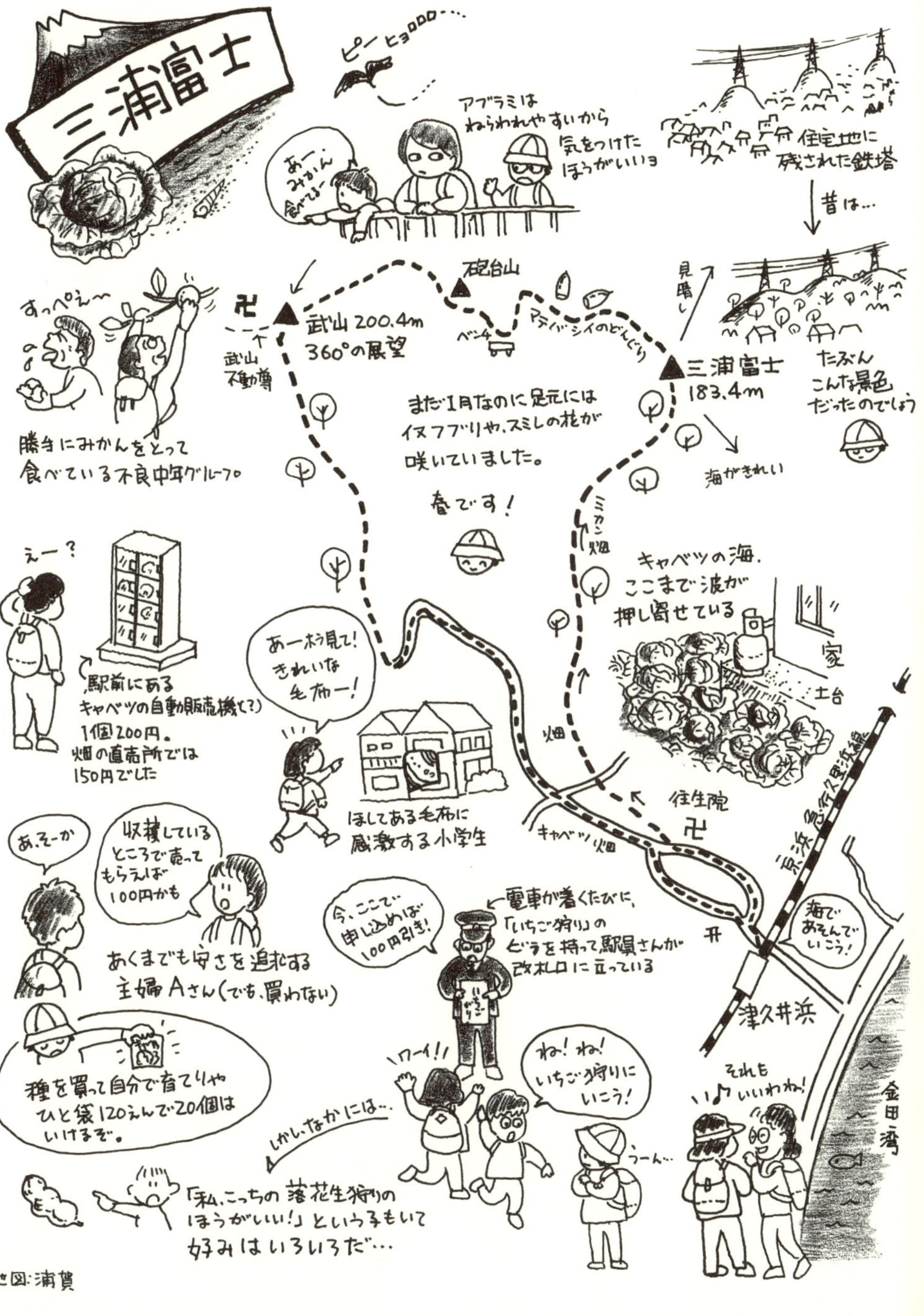
三浦富士
ピー ヒョロロロ…
アブラミは
ねらわれやすいから
気をつけた
ほうがいいヨ
あー.
みかん
食べてる~
住宅地に
残された鉄塔
昔は…
見晴し
砲台山
すっぺぇ~
卍
武山200.4m
360°の展望
武山
不動尊
ベンチ
アオイ、シイのどんぐり
三浦富士
183.4m
たぶん
こんな景色
だったのでしょう
まだ1月なのに足元には
イヌフグリや、スミレの花が
咲いていました。
海がきれい
勝手にみかんをとって
食べている不良中年グループ
春です!
ミカン畑
えー?
キャベツの海.
ここまで波が
押し寄せている
家
土台
あーホラ見て!
きれいな
毛布ー!
駅前にある
キャベツの自動販売機(?)
1個200円。
畑の直売所では
150円でした
畑
ほしてある毛布に
感激する小学生
住生院
卍
キャベツ畑
京浜急行久里浜線
あ、そーか
収穫している
ところで売って
もらえば
100円かも
今、ここで
申し込めば
100円引き!
電車が着くたびに、
「いちご狩り」の
ビラを持って駅員さんが
改札口に立っている
海で
あそんでいこう!
あくまでも安さを追求する
主婦Aさん(でも、買わない)
津久井浜
ワーイ!!
ね!ね!
いちご狩りに
いこう!
それも
いいわね!
金田湾
種を買って自分で育てりゃ
ひと袋120えんで20個は
いけるぞ。
しかし、なかには…
うーん…
「私、こっちの落花生狩りの
ほうがいい!」という子もいて
好みはいろいろだ…

地図:浦賀

コンクリートでできていて三六〇度の展望。景色はよく見えるがちょっと味けない。武山不動院にお参りをして一気に下る。キャベツ畑の間をぬって今朝降り立った津久井浜駅に到着、まだまだ時間があるので海辺で遊んでいくことにした。浜辺に座ってコーヒーを飲みながら、本日の山の選択はやはり間違っていなかった、とひとりうなずく。でも、貝拾いに熱中する子どもたちが家に帰ったらその第一声は…「海、楽しかった!!」だろうなあ、やっぱり。

小学校低学年から。天気の良い冬の日に海とセットで出かけよう。

▼三浦富士（一八三メートル）

三浦半島南端の小さな富士山。キャベツ畑からみかん畑へとのどかな道を歩いて一八三メートルの山頂へ。木の間越しに相模湾や東京湾が見えます。そこからは常緑樹の道を砲台山、武山と進み、アゼリアハウス（無料休憩舎）の屋上から三六〇度の展望を楽しんでください。帰りは津久井浜駅から海岸まで歩き、浜辺で遊んでから電車に乗りましょう。

◪コース　ＪＲ山手線品川駅＝京浜急行品川駅＝京浜急行久里浜線津久井浜駅↓三浦富士↓砲台山↓武山↓京浜急行線津久井浜駅

◪一般コースタイム　二時間五〇分

山で気をつけること

―山岳救助隊のおじさんに聞く―

止血と保温が大事

山で一番怖いのはケガ[※1]をすることです。足を折ったり、手を折ったりというくらいは生命に危険はないのですが、その際大きな出血をともなうと生命に危険を及ぼします。

それと体温が下がることです。人間は通常三六度五分くらいで、三四度くらいまではなかなか下がらないのですが、三四度を切ると急激に下がっていってしまい、二八度くらいまでになってしまうと低体温症[※2]ということになり、これは生命に危険を及ぼします。

冬山に限らず、普段の山でもケガをして動けなくなり、山の中で夜を明かさなければならなくなった時にも、まず体温を下げないことが一番大切です。そのためには衣類を余分に持っていくことも必要です。

ケガをした時の止血法や応急手当の仕方については、まだ小さな子どもさんがいるのであれば、東京消防庁では学校や幼稚園などで応急手当の指導などをやっていますから、積極的に受けて救急法を身につけてください。

山に行って何かあった時に、この二点ができるかどうか、それが大事です。

山は平地と違う

これから山に子どもを連れて行こうという人には、山というものがどんなものなのか、それだけは知っておいてもらいたいです。

たとえば、普通の道路であれば標識はしっかりしているけれど、山ではすべてがガイドブック通りではなく、時には標識がなくなっていたり、道も細かったり、急で滑りやすかったりもします。山のケガには道を間違ってウロウロしているうちに沢などに落ちて、というのが非常に多いです。山は平地と違うということをしっかり頭に入れておいてください。

最初は経験者と一緒に行くのがいいでしょう。服装や装備も大切です。奥多摩の山には一〇〇〇メートルを超える山が四一もあって、最高峰の雲取山は二〇一七メートルもあり、谷川岳よりも高いんです。東京に近いからといって簡単に考えては登れません。

子どもと歩くと、子どもはすぐに先を歩きたがりますが、必ず親の視野に入れておくことです。実は私も自分の息子と山に入った時、わずか五分ぐらい先を歩いていた息子が見えなくなってしまいました。違う方向に降りて行ってしまったのです。おそらく間違えたのだと思って戻っていくと息子も道を間違えたと気付いてひき返したところでバッタリ会えました。小学生の子どもだったらそこでパニックになってしまいます。間違えたら戻っておいでと言っておけばいいのですが、そこで必ず親と会えるというわけでもないので難しいです。やはり目を離さ

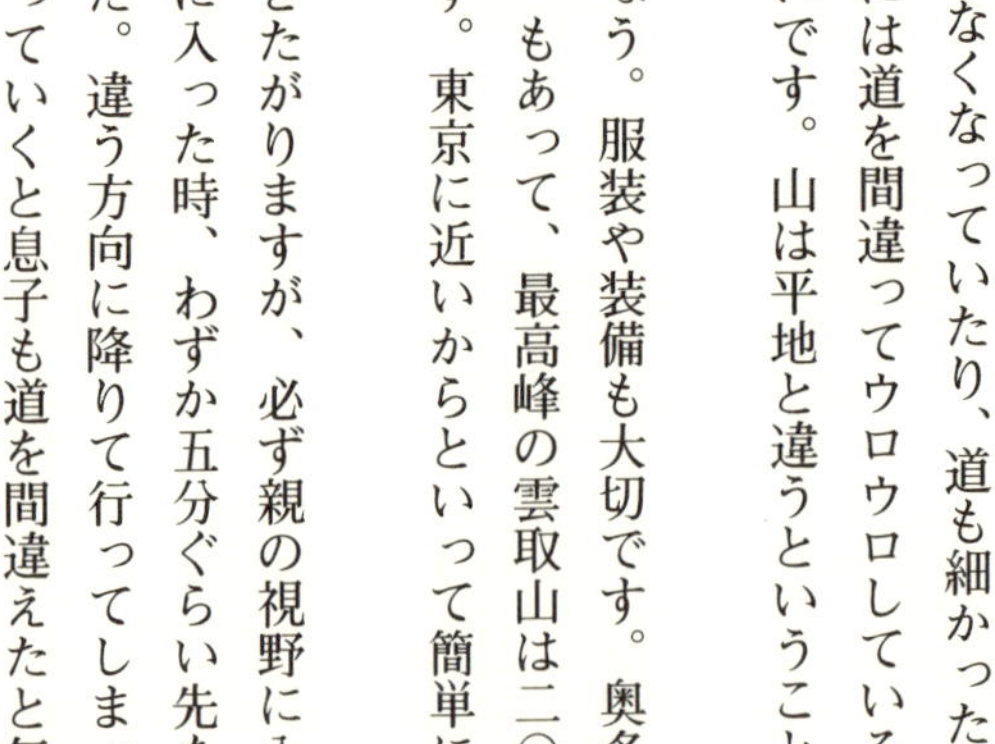
山の心配事相談室
ヘビにかまれたらどうしよう…
道に迷ったらどうしよう…
ハチにさされたらどうしよう…
クマにおそわれたら…
心配でたまりません…

ないことが一番です。

親が地形を知っていれば間違いやすい個所を前もって知らせておけます。前もって地図を見ておきましょう。携帯電話などは役に立たないと思っていたほうがよいです。しかし、せっかく山に来たのにここにいなさいばかりではねぇ。お弁当の時など、安全な所で遊ばせてやるのがいいですね。

道に迷ったら…

家族で山に行って道に迷い、暗くなってしまったらぜったいそこを動かないでビバーク[※3]してください。

我々が救助に向かって悲惨な結果になっているケースは夜のうちに動いて沢に落ちたり、ガケから落ちたりしてケガ、というのが多いのです。一般的に言って沢に降りるのは危険です。道がまったくわからない時は沢に降りるよりは（明るくなったら）一番近い尾根に上がってください。地形がわかります。そこで地図と磁石が使えれば自分が今、どこにいるのかがわかります。

登山地図はコースタイムが書いてあるので便利ですが、あれは一般的なコースタイムですから、子連れの時はその通りにはいきません。これくらいの時間なら戻れると思って出かけて遅くなってしまった時など、暗くなる前に山を降りようとしてうす暗い中、無理をしてケガすることも多いのです。

親子二人で出かけた時は、どちらがケガをしても一人おいて助けを呼びにというわけにはいきません。山に行く時は少なくとも三人ぐらいで行ったほうがよい

あまり恐がらずに
山ではこういう事も
あるんだョ、と
ふだんの暮しの中で
子どもたちに
話して聞かせましょう
山で
ヘビに会っても
いたずらしなければ
大丈夫。
ふーん

でしょう。

もし、道に迷って山で夜を明かすことになった時でも、予備の食料、雨具、懐中電灯、ライターなどがあると心強いですね。夜が明けたら、自分が来た道を間違った所まで戻りましょう。戻れなかったら尾根に上がり、登山道を見つけます。

登山届を出す

山に行く時は登山届を出しましょう。奥多摩駅に登山届を出す所があります。少なくとも家族や誰かに自分の行先やルートを伝えておくことは必要です。もし、山から帰ってこない時、最初に気付くのは家族です。その時ルートがわかっていれば、捜す山が限定されてきます。日帰りの山行でも届を出しましょう。

これから山に行きたい人に

子どもや自分の体力・技術に合ったルートを選んでください。ガイドブックのコースタイムには片道一時間くらいずつ余裕を見て計画を立てれば、草花を見たり、景色を眺めたりして自然を楽しむ余裕もでてきます。

私は、子どもさんを自然に連れだして遊ばせるというのは大賛成です。だけど遊ばせるためには親が遊ばせ方を知らなくてはならないし、それなりの親の責任というものも当然出てきます。親が子どもに対しての責任を持つ、自己責任とはそういうことです。ケガをした時どうするか、迷わないためにはどうするか、それを考えてから山に行く——それが一番大切なことでしょうね。

・足首のネンザを三角巾で固定する方法

たたんだ三角巾を土ふまずに当て、足首の後ろで交差させて前にもってくる

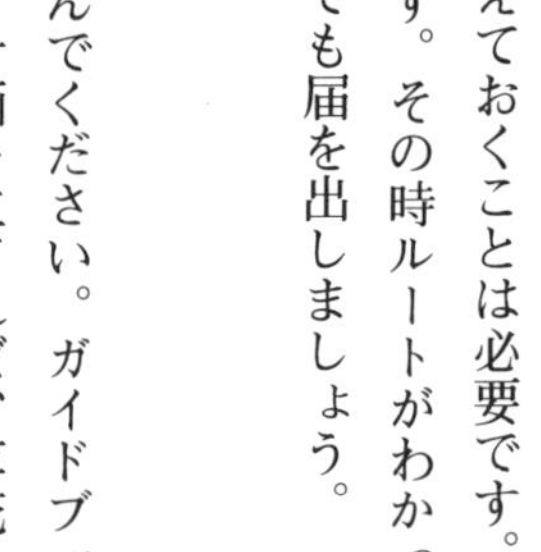

前で再び交差させ、両脇の三角巾の下を通す

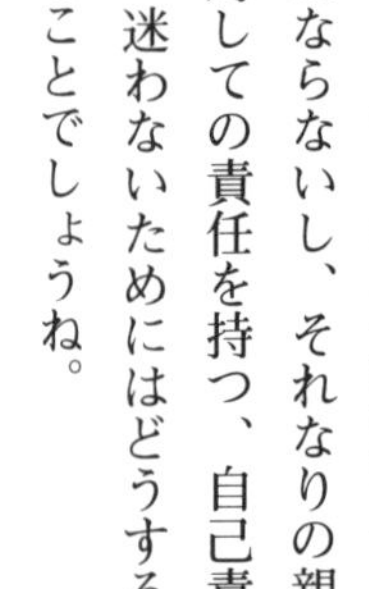

（一九九九年一一月二〇日奥多摩消防署にて草野山岳救助隊長に聞く）

※1　山のケガの七〇～八〇%は下山途中に起きています。急な下り坂では手を差し伸べるよりも、「うしろ向きで降りなさい」と一声かけてあげましょう。

※2　低体温症とは

体から失われる熱の量が体がつくり出す熱の量を上回り、人体の体温調節の能力を超えると体温は低下し、さまざまな病的状態をひきおこす。ふるえ→意識がもうろうとする→昏睡→脈が遅くなり→停止

※3　野宿すること

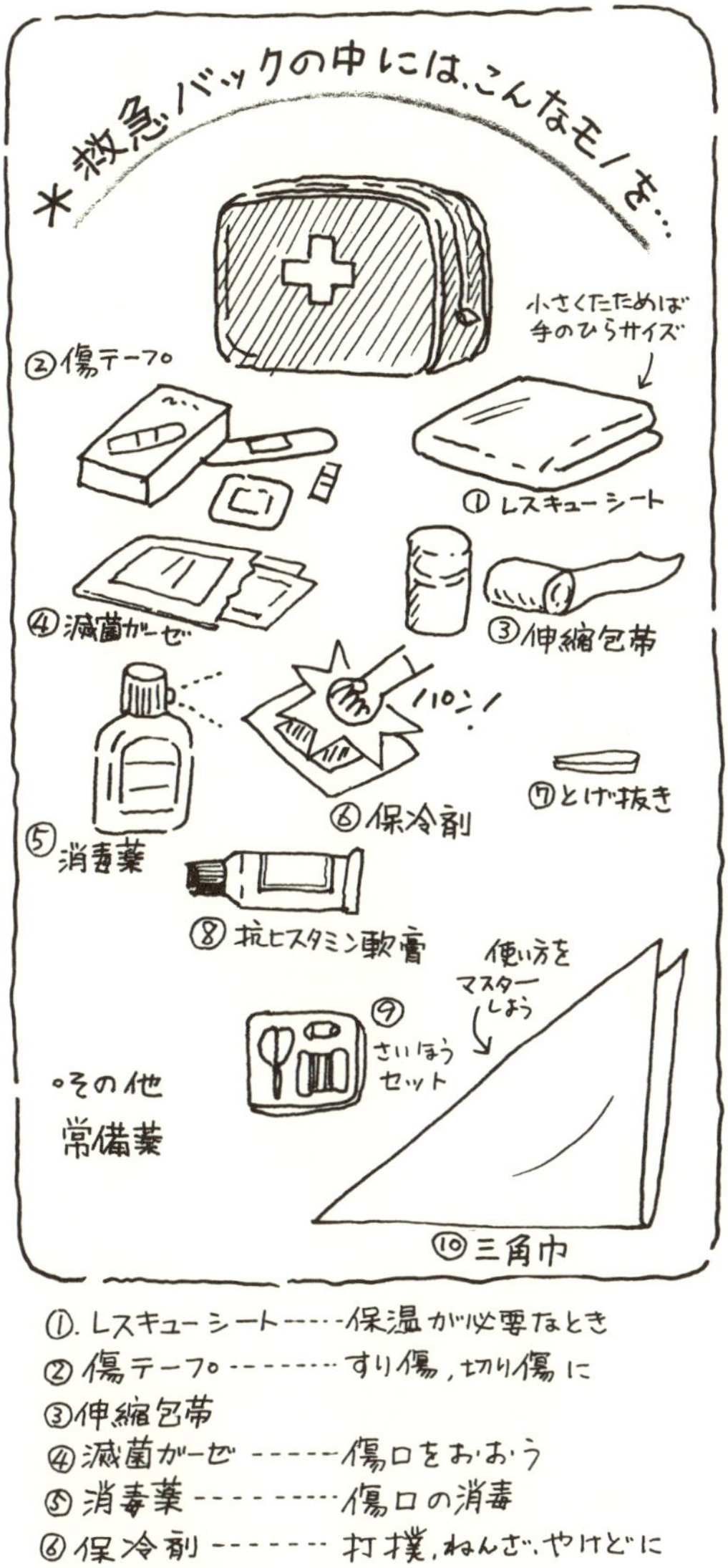
＊救急バックの中には、こんなモノを…
小さくたためば手のひらサイズ
②傷テープ
①レスキューシート
④滅菌ガーゼ
③伸縮包帯
パン！
⑤消毒薬
⑥保冷剤
⑦とげ抜き
⑧抗ヒスタミン軟膏
使い方をマスターしよう
⑨さいほうセット
○その他
常備薬
⑩三角巾

①. レスキューシート------保温が必要なとき
②傷テープ---------すり傷，切り傷に
③伸縮包帯
④滅菌ガーゼ ------傷口をおおう
⑤消毒薬----------傷口の消毒
⑥保冷剤 ------- 打撲，ねんざ，やけどに
⑦ とげ抜き
⑧抗ヒスタミン軟膏--- 虫さされ，かゆみ
⑨さいほうセット ----- 何かと役に立ちます
⑩三角巾 ------- ねんざ，骨折，止血に使う

くつひもを締めるように足首の前で結ぶ

新会員がやって来た

「もしもし、山の会に入りたいんですけど」「はい？」「あのー、市役所でもらったチラシに会員募集と…」それは毎年配布される青少年団体紹介のチラシのことだった。

「あー、それがですね、お子さんはおいくつですか？」「五歳ですけど、ダメですか？」「あ、いや、ダメということはないんですが」「このところ小学生の会員が減ってしまって…。来るのはオバサンばっかりなんですよおー。しかも私ら、若くないオバサン」

「…募集はしていないんですか？」「いや、募集していないわけでは…ただ、同い年ぐらいの子どもがいないとお子さんが淋しがるんじゃないかと――」「いいんです、同い年の子とはいつでも遊べますから。違年齢の人の中に入るのは子どもにとって良いことだと思っています」

そうだ、本当にそうなのだ。「えー?! みーんな行かないんだったら行かなーい!!」などと言っている子どもの皆様やオバサマたちに聞かせてやりたい。

「あー、でもですね、今回の山は石老山といって、五歳のお子さんにはちょっと」「無理ですか？」「歩けないことはないと思うんですが、次回のおもちつき登山ぐらいからがよろしいんじゃないでしょうか」「はぁー…」「とにかく案内のお

手紙をお送りしますから、それをご覧になって決めてください」

きっと来ないだろうと思った。オバサンに囲まれてつまらなそうな顔をした子どもと後悔先に立たず、といったところのお母さんがトボトボと歩いている様子が目に浮かんだ。それを見ながら歩くのは気が重い。新会員が入ってくれるのはうれしいが、会の現状を考えると入れていいかどうか複雑な気持ちなのだ。

しかし、その親子はやって来た。一方、新会員Sさん親子を迎える我が山の会は大人一二人、高校生一人、小学生二人と、相変わらずの平均年齢の高さだった。Sさん親子は緊張しているのか、口数も少なく電車に乗り込んだ。すでにお母さんの後悔の一日は始まっているのかもしれない。

それにしても、この登山客の多さはどうだろう。相模湖駅のホームにあふれる人、人、人。バスからこぼれ落ちる人、人、人。この一週間、テレビや新聞で週末こそ紅葉が見頃と聞かされていて、「とにかくどこかへ出かけなくては！」と思っているに違いない（もちろん私もそうだ）。

石老山《せきろう》入口のバス停に着くと、登山客はいっせいに歩き出した。紅葉には少し早いが、さわやかな秋の空気に畑の菊の花が揺れている。前後を見れば子ども会あり、中高年グループあり、一人でのんびりと歩く人あり。顕鏡寺手前の登り坂では、登山客を乗せてきたらしいタクシーの運転手さんまでが一緒に歩いている。次から次から来るわ来るわ…。「これじゃあ私たちがお弁当を広げる場所なんてありゃあしないよ」。ユーウツな気持ちで頂上を目ざして歩いていくが、その間にも次々と追い越されていく。当然静かな秋の山など楽しめるはずはなく、振り向けばSさん親子の足どりも重い。

やっとのことで頂上にたどり着いてみると、「こっち！　こっち！」といつの間に着いていたのかAさんが手招きしている。なんだか運動会の応援席でも確保しているみたい…と思いながら行ってみると、なんとテーブル席が確保済み。歩く速度は遅くとも、いざという時にはフットワークが軽い、それが主婦なのだ。

まだ少し緊張が残るSさん親子の目の前でとん汁作りが始まった。ナベの中にお湯だミソだと投げ込まれ、あっという間にとん汁が出来る。唖然とするSさん親子にとん汁を渡すと次はコーヒー、お茶、ヨーカン…。

ふと我に返ってこの山頂の賑わいをながめていると、帰り道もさぞや混雑と再びユーウツな気分になる。

そして一時間後、なんと私たちは後にも先にも誰もいない静かな秋の山を満喫しながら歩いていた。混雑のピークに山頂を出発した私たちだったのだが、あまりにも歩くのが遅いため登り同様次々と追い越されてついには最終グループとなり、もはや逆コースで登ってくる人にも会わなかった、というのが本当のところ。まったく、何が幸いするかわからない。

ところで、歩けるかどうか心配だった五歳のY君（ユースケ）だが、帰りは小学生のお姉さんと仲良しになり先頭を切って山を降りて行った。大人たちといえば、口ほどに足は動かず、心配の種のY君に待ってもらいながら山を降りることに。

思い起こせば一〇年前はこんな小さな子どもばかりだった。子どものおしゃべりを聞いたり、相手になって話したり。久し振りに小さな子と歩いて、ワイワイガヤガヤの楽しい山登りを思い出した。「うーん、この際、新会員が入ってくるのを待っていないで積極的に誘ってみようかしら…」。船で相模湖を渡り、駅に向かって歩きながらそんなことを考えていたとき、Y君が突然道端にバタリとつっぷして泣き出した。

「もおー、こんな終わりのない山いやだよおー」

渡し船でウトウトして目が覚めたらまた歩き出したのだからそう思うのも無理はない。「あーあ、せっかくの新会員を…」「もう来ないわヨー、あの子」「そんな…」。大人だけの山歩きの気楽さを知ってしまったオバサンたちの言葉はつれない。

果たして、石老山はユースケの最初にして最後の山になってしまうのか？　山の会の行く末は？

最後まで予想通りにはいかない、「秋の石老山新会員歓迎山行の巻」だった。

▼石老山（六九四メートル）

苔むした岩の間の道を歩いて顕鏡寺へ。トイレがあるのでひと休みして山頂を目ざします。途中、融合平で相模湖の景色を眺め、もうひとがんばりで山頂です。帰りはところどころ急斜面がある尾根道を大明神展望台まで。相模湖と陣馬・高尾の山々が一望のもとに見渡せます。今までに登った山があったら子どもたちに説明してあげましょう。箕石橋《みのいし》に降りたらバスか渡し船で相模湖駅まで戻ります。

◪コース　JR中央線相模湖駅＝三ヶ木行神奈川中央交通バス8分＝🚏石老山入口→顕鏡寺→融合平見晴台→石老山→大明神展望台→箕石橋→船着場→相模湖公園船着場→JR相模湖駅

※バスで帰る場合は、箕石橋→🚏ピクニックランド前＝JR相模湖駅

◪一般コースタイム

三時間四五分

地図：与瀬・青野原

＊山に持っていくもの＊

折りたたみ傘
帽子
しきもの
手袋(軍手)
カメラ
雨具
防寒着
おやつ
おべんとう
水筒
長そで
長ズボン
タオル
ティッシュ
ビニール袋
はきなれた靴
地形図
♪あるとたのしいもの
お手ふき
さいふ
筆記用具
磁石
なぞなぞブック
折り紙
救急用品
時計
あやとりのヒモ
ナイフ
ライター
懐中電灯
チーズ
チョコ
非常食
保険証のコピー

早くいこうヨ!!
子どものリュックサックの中
水筒　防寒具
おやつ　地図
おべんとう　磁石
雨具　しきもの

おべんとう・おやつ		帽子・手袋(軍手)	
水筒・お手ふき		ビニール袋	
雨具・傘		タオル・ティッシュ	
しきもの		保険証コピー	
防寒具		非常食	
地形図・磁石		筆記用具	
懐中電灯		現金	
時計		必要に応じて着がえ	
ライター・ナイフ		カメラ	
救急用品			

子どもと歩く一二カ月　はじめの一歩おすすめコース

小学校低学年から中学年の子どもたちをイメージしています。一般コースタイムというのは大人が歩くのにかかる時間で、昼食や休憩の時間は含まれていません。子どもの場合は年齢や体力によってかなり差があり、大人より早く歩いていってしまうワンパクや、一歩一歩、手を引くようにして歩かなければならないのんびりやもいます。

コースタイムは一つの目安にしかならないということをお忘れなく。

〈四月〉

■**南高尾山稜**（高尾）

はじめての山はぜひこの季節に。雑木林の芽吹きと足元に咲く小さな花、スミレの種類が多いのも高尾山の特徴です。時間があったら駅前の高尾自然科学博物館ものぞいてみましょう。

◪京王線高尾山口駅→梅ノ木平→三沢峠→草土山→梅ノ木平分岐→梅ノ木平→京王線高尾山口駅

◪一般コースタイム　三時間一五分

〈五月〉

■**今熊山**（五日市）

木イチゴの実をさがしながらの小さな山登り。金剛の滝を見た後は五日市方面に歩き、秋川の川原で遊んでから帰りましょう。

◪JR中央線八王子駅＝五日市行西東京バス四〇分＝㊀今熊→今熊神社→今熊山→金剛の滝→広徳寺→JR五日市線武蔵五日市駅

◪一般コースタイム　二時間半

〈六月〉

■**御岳山・ロックガーデン**（奥多摩）

梅雨のあい間を見つけて出かけましょう。むし暑い日でも沢の流れに沿って歩けばさわやかな気分になります。鳥の声を聞きながらゆっくり歩いていけば足元にオトシブミを見つけるかもしれません。

◪ＪＲ青梅線御嶽駅＝ケーブル下行西東京バス一〇分＝ケーブル下→滝本駅→ケーブルカー六分→御岳山駅→御岳平→御嶽神社→長尾平分岐→綾広の滝→天狗岩→長尾平分岐→往路を戻る

◪一般コースタイム　二時間一五分

〈七月〉

■**秋川で川あそび**（五日市）

　魚つり、メダカすくい、川に沿って歩きながら安全な所をさがしましょう。

◪ＪＲ五日市線武蔵五日市駅

〈八月〉

■キャンプ！　家族でキャンプ！　お友だちとキャンプ！　寝袋の中に入ってみましょう。

〈九月〉

■**石老山**（中央線沿線）

　苔むした巨大な岩の間を歩いて顕鏡寺へ。子どもと一緒に鐘をついてから頂上を目ざします。下りは大明神展望台で展望を楽しんだ後、船で相模湖を渡ります。歩行時間は長くても、コースに変化があるので楽しめます。

◪ＪＲ中央線相模湖駅＝三ヵ木行神奈川中央交通バス一〇分＝石老山入口→顕鏡寺→石老山→大明神展望台→箕石橋＝渡し船一五分＝相模湖公園→ＪＲ相模湖駅

◪一般コースタイム　三時間四五分

〈一〇月〉

■**景信山**（高尾）

　秋晴れの一日、ススキの穂が揺れる道を歩きましょう。茶店の奥の頂上には野菊も咲いていて、陣馬山や奥多摩の山もよく見えます。

◪ＪＲ中央線高尾駅＝小仏行京王バス二〇分＝小仏→小仏峠→景信山→小仏峠→往路を戻る

◪一般コースタイム　二時間四〇分

〈一一月〉

■陣馬山（中央線沿線）

車道歩きが長いものの、山頂からの開放的な眺めがすばらしい。カヤトの広場でゆっくり遊んでから山を下りましょう。上沢井からの車道歩きは、気がゆるみがちなので車に気をつけて。

◪ＪＲ中央線八王子駅＝陣馬高原下行西東京バス五五分＝🚏陣馬高原下→和田峠→陣馬山→一ノ尾の尾根→上沢井→ＪＲ中央線藤野駅

◪一般コース　三時間半

〈一二月〉

■日の出山（奥多摩）

冬枯れの山を見ながら御岳山へ。なだらかな山道を日の出山まで行ったら、帰りは養沢へ降りて鍾乳洞を見学してから帰りましょう。バスの便が少ないので確認してください。日の出山から養沢への分岐に注意。

◪ＪＲ青梅線御嶽駅＝ケーブル下行西東京バス一〇分＝🚏ケーブル下→滝本駅→ケーブルカー六分＝御岳山駅→御岳平→日の出山分岐→日の出山→養沢鍾乳洞→🚏上養沢＝西東京バス三四分＝ＪＲ五日市線武蔵五日市駅

◪一般コースタイム　二時間二〇分

〈一月〉

■高尾山

初詣をかねて高尾山薬王院へ。早めに行って山頂まで足をのばし、ムササビの観察をしたら夜の山を歩いて下りましょう。途中でムササビの鳴き声が聞けるかもしれません。

◪京王線高尾山口駅＝清滝駅＝ケーブルカー六分→高尾山駅＝薬王院→奥ノ院→高尾山→奥ノ院→薬王院→一号路→清滝駅→京王線高尾山口駅

◪一般コースタイム　二時間

〈二月〉

■鋸山（房総）

ロープウェイもついていて観光客の多い山ですが、広い空と海の景色に思わず歓声があがります。

保田の海岸でおみやげに貝を拾って帰りましょう。いつもの山登りとはひと味違います。
　百尺観音は日本寺の境内にあるので拝観料六〇〇円が必要。

◩ＪＲ内房線浜金谷駅→登山道入口→観月台→日本寺北口・百尺観音→展望台→大仏→仁王門→ＪＲ保田駅

◩一般コースタイム　二時間半

〈三月〉

■伊豆ヶ岳（八五一メートル）

　梅の花が咲きこぼれる沢沿いの車道を伊豆ヶ岳へ。まだまだ冷たい風の中に春の香りがします。一二カ月のしめくくりは静かな山の中であたたかい紅茶でも…。山頂から見える山にはまだ雪が残っています。お疲れさまでした！

◩西武池袋線正丸駅→大蔵山分岐→伊豆ヶ岳→正丸峠手前分岐→正丸駅

◩一般コースタイム　三時間

●問合せ先一覧

京王バス（八王子営業所）　☎０４２６・42・２２４１
神奈川中央交通　☎０４６３・22・８８３３
西東京バス　☎０４２６・46・９０４１
富士急行バスセンター　☎03・５３７６・２２２２
山梨貸切自動車（山梨交通バス）　☎０５５３・33・３１４１
塩山タクシー　☎０５５３・32・３２００
安曇観光タクシー　☎０２６３・82・３１１３
高尾登山電鉄（高尾山ケーブルカー）　☎０４２６・61・４１５１
御岳登山電鉄（御岳山ケーブルカー）　☎０４２８・78・８１２１
大山登山ケーブル　☎０４６３・95・２０４０
高尾自然科学博物館　☎０４２６・61・０３０５
高尾ビジターセンター　☎０４２６・64・７８７２
奥多摩ビジターセンター　☎０４２８・83・２０７３
高尾森林センター　☎０４２６・63・６６８９

●著者略歴

大滝　玲子（おおたき　れいこ）

1951年栃木県生まれ。武蔵野美術大学造形学部卒業。長男の幼稚園卒園とともに、親子で山を歩く「あひるの会」をスタート、異年齢ごちゃまぜ登山を続けて現在に至る。武蔵野市在住。

著書『どんぐりノート』共著（文化出版局）
　　『まるごとどんぐり』共著（草土文化）
　　他に、草土文化発行『こどものしあわせ』で「どんぐりかーさんのコロコロ日記」を連載中

初出一覧　「どんぐりかーさんのコロコロ日記」
　　　　　（『こどものしあわせ』草土文化）
　　　　　「どんぐりおばさんのアレコレ観察日記」
　　　　　（『どんぐり通信』香川県林務課）

親子で野となれ山となれ

2000年3月27日　第1刷発行

著　者／大滝　玲子
発行者／清水　　定

発行所／株式会社けやき出版
〒190-0023東京都立川市柴崎町3-9-6高野ビル
TEL. 042-525-9909　FAX. 042-524-7736
DTP／㈲桐原デザイン工房
印刷所／株式会社平河工業社

ISBN4-87751-102-4 C2026 Printed in japan